Responsabilidade Civil

O GEN | Grupo Editorial Nacional reúne as editoras Guanabara Koogan, Santos, LTC, Forense, Método, E.P.U. e Forense Universitária, que publicam nas áreas científica, técnica e profissional.

Essas empresas, respeitadas no mercado editorial, construíram catálogos inigualáveis, com obras que têm sido decisivas na formação acadêmica e no aperfeiçoamento de várias gerações de profissionais e de estudantes de Administração, Direito, Enfermagem, Engenharia, Fisioterapia, Medicina, Odontologia, Educação Física e muitas outras ciências, tendo se tornado sinônimo de seriedade e respeito.

Nossa missão é prover o melhor conteúdo científico e distribuí-lo de maneira flexível e conveniente, a preços justos, gerando benefícios e servindo a autores, docentes, livreiros, funcionários, colaboradores e acionistas.

Nosso comportamento ético incondicional e nossa responsabilidade social e ambiental são reforçados pela natureza educacional de nossa atividade, sem comprometer o crescimento contínuo e a rentabilidade do grupo.

ORLANDO GOMES
Professor Emérito na Faculdade de Direito da Universidade Federal da Bahia
Professor Honorário na Faculdade de Direito da Universidade Católica de Salvador
Professor Catedrático da Universidade Federal da Bahia
Doutor *Honoris Causa* da Universidade de Coimbra

Responsabilidade Civil

Texto revisado, atualizado e ampliado por:

Edvaldo Brito
Professor Emérito na Universidade Federal da Bahia, em cuja Faculdade de Direito leciona no Programa de Pós-Graduação (Mestrado e de Doutorado)
Professor Emérito na Universidade Presbiteriana Mackenzie (São Paulo), em cuja Faculdade de Direito leciona *Direito das Obrigações* desde 1992 (ora licenciado)
Professor Titular de Direito Civil, aprovado em concurso público de títulos e de provas, na Faculdade de Direito da Universidade de São Paulo – USP
Advogado na Bahia e em São Paulo

Rio de Janeiro

- A EDITORA FORENSE se responsabiliza pelos vícios do produto no que concerne à sua edição, aí compreendidas a impressão e a apresentação, a fim de possibilitar ao consumidor bem manuseá-lo e lê-lo. Os vícios relacionados à atualização da obra, aos conceitos doutrinários, às concepções ideológicas e referências indevidas são de responsabilidade do autor e/ou atualizador.

As reclamações devem ser feitas até noventa dias a partir da compra e venda com nota fiscal (interpretação do art. 26 da Lei n. 8.078, de 11.09.1990).

- **Responsabilidade Civil**
  ISBN 978-85-309-3471-2
  Direitos exclusivos para o Brasil na língua portuguesa
  Copyright © 2011 *by*
  EDITORA FORENSE LTDA.
  Uma editora integrante do GEN | Grupo Editorial Nacional
  Travessa do Ouvidor, 11 – Térreo e 6º andar – 20040-040 – Rio de Janeiro – RJ
  Tel.: (0XX21) 3543-0770 – Fax: (0XX21) 3543-0896
  forense@grupogen.com.br | www.grupogen.com.br

- O titular cuja obra seja fraudulentamente reproduzida, divulgada ou de qualquer forma utilizada poderá requerer a apreensão dos exemplares reproduzidos ou a suspensão da divulgação, sem prejuízo da indenização cabível (art. 102 da Lei n. 9.610, de 19.02.1998).

  Quem vender, expuser à venda, ocultar, adquirir, distribuir, tiver em depósito ou utilizar obra ou fonograma reproduzidos com fraude, com a finalidade de vender, obter ganho, vantagem, proveito, lucro direto ou indireto, para si ou para outrem, será solidariamente responsável com o contrafator, nos termos dos artigos precedentes, respondendo como contrafatores o importador e o distribuidor em caso de reprodução no exterior (art. 104 da Lei n. 9.610/98).

1ª edição – 2011

- CIP – Brasil. Catalogação-na-fonte.
  Sindicato Nacional dos Editores de Livros, RJ.

  G615r

  Gomes, Orlando, 1909-1988
  Responsabilidade civil / Orlando Gomes ; texto revisado, atualizado e ampliado por Edvaldo Brito. – Rio de Janeiro: Forense, 2011.

  Inclui bibliografia
  ISBN: 978-85-309-3471-2

  1. Responsabilidade (Direito). 2. Obrigações (Direito). I. Brito, Edvaldo. II. Título.

  11-3737.   CDU: 347.51

ÍNDICE ANALÍTICO DAS MATÉRIAS

Obras do Autor XIII

Introdução 1

Capítulo 1

DIREITO DAS OBRIGAÇÕES

1. *Direito das Obrigações* – A divisão do Direito Civil em partes *especiais*. Direitos pessoais-patrimoniais: direitos reais e direitos de crédito. Terminologia: direito das obrigações; direitos de crédito. Parte Geral do Direito das Obrigações; divisão da matéria. Parte especial 7

2. *Importância* – Aplicação do princípio da autonomia da vontade. Influência na vida econômica. Importância numérica 9

3. *Localização* – Procedência de seu estudo na parte especial do Direito Civil; razões que a justificam. Preordenação na Parte Geral. Obrigações em outra parte do Direito Civil 10

4. *Plano da obra* – Divisão do Livro III do Código Civil, Parte Geral: modalidades das obrigações; efeitos das obrigações; cessão de crédito 11

5. *Dever jurídico. Sujeição. Ônus jurídico* 13

Capítulo 2

A OBRIGAÇÃO

6. *Conceito* – A obrigação vista pelo lado passivo; definição. A definição das *Institutas*; crítica. A prestação; o conceito de Paulo. A obrigação vista pelo lado ativo; direito de crédito; a pretensão. Conceito: o dever de prestar e o direito de crédito; a sujeição do patrimônio do devedor 15

7. *Estrutura da obrigação* – Vínculo entre dois sujeitos de direito; sujeito ativo e sujeito passivo. Relações obrigacionais simples e complexas. Objeto da relação; a prestação. Objeto e conteúdo da relação obrigacional. O fato e a garantia 17

8. *Sujeitos* – Quem pode ser sujeito. Capacidade negocial e delitual. Sujeito singular. Pluralidade de credores, ou de devedores. Integração de uma parte por várias pessoas. Determinação dos sujeitos. Sujeitos determináveis. Obrigações ambulatórias. Obrigações reais. Auxiliares dos sujeitos; representantes, núncios, auxiliares executivos 18

9. *Objeto* – A prestação. Patrimonialidade da prestação. Interesse do credor e objeto da prestação. A prestação como atividade e como resultado. Obrigações de meios e obrigações de resultado. Em que consiste a atividade do devedor 20

10. *Conteúdo* – Relação crédito-débito. O poder do credor e a sujeição do devedor. A pretensão. Crédito e pretensão; distinção. Faculdades do credor; direitos potestativos; faculdades legais, exceções. Direitos auxiliares e acessórios. Dever de prestar; responsabilidade do devedor. Extinção da obrigação e do crédito. Acréscimos. Cômodo de representação......................... 21

11. *Fato jurídico* – O fato como pressuposto. Transformação do fato em vínculo jurídico. Fatos do comércio jurídico. Negócios jurídicos. O dano 23

12. *Garantia* – Realização normal do dever de crédito. Execução coativa. Garantia e ação. Aspectos da proteção jurídica dos créditos 23

13. *A obrigação no Direito moderno* – O vínculo no Direito romano. Impessoalidade e transmissibilidade no Direito moderno. A obrigação como valor. Teoria sobre o conceito de obrigação. Doutrina de Savigny. Relações entre patrimônio. Concepção clássica........................ 24

Capítulo 3

FONTES DAS OBRIGAÇÕES

14. *Observações preliminares* – Necessária distinção entre causa eficiente e condição determinante. Distinção entre fonte imediata e fontes mediatas. Fatos constitutivos das obrigações. Classificação das fontes mediatas. Código Civil italiano 27

15. *As fontes das obrigações no Direito romano* – Textos atribuídos a Gaio. Fragmento do *Digesto*. As *Institutas*. Divisão quadripartida 29

16. *Classificação quadripartida* – Classificação do Código Civil francês; críticas. Classificação do antigo Código Civil italiano. Classificação de Planiol... 29

17. *Classificação analítica* – Várias figuras. Discriminação; contrato, declaração unilateral de vontade, atos coletivos, pagamento indevido, enriquecimento sem causa, ato ilícito, abuso de direito, situações de fato 30

18. *Classificação sintética* – Correspondência das fontes e classificação dos fatos jurídicos *lato sensu*. Negócios jurídicos e fatos extranegociais. Negócios jurídicos; contratos, negócios unilaterais, atos coletivos. Fatos extranegociais: atos jurídicos *stricto sensu*, atos ilícitos; abuso de direito; acontecimentos naturais; fatos materiais; situações especiais. Importância da distinção............... 30

19. *Negócio jurídico* – Negócios unilaterais e bilaterais. O princípio da autonomia da vontade. Fatos constitutivos de caráter negocial. Contratos e atos coletivos. As promessas unilaterais 32

20. *Negócios unilaterais* – O testamento. Promessas unilaterais... 32

21. *Atos ilícitos e abuso de direito* – Obrigações provenientes de atos ilícitos. Responsabilidade civil. Dever de indenizar. O abuso de direito como fonte de obrigações........................... 33

Capítulo 4

OBJETO DA OBRIGAÇÃO

22. *Objeto da prestação. Requisitos* – Objeto da prestação; dar, fazer, e não fazer. Requisitos da prestação 35

23. *Prestação possível* – Lícita e determinável. Impossibilidade: originária, superveniente, objetiva, subjetiva, total, parcial 35

24. *Prestação lícita* – Causa da obrigação e licitude da prestação. Quando a prestação é ilícita; proibições virtuais. Prestação ilícita e prestação juridicamente impossível 36

25. *Prestação determinável* – Prestação determinada. Obrigação genérica e prestação determinável. Coisas de gênero limitado. Concentração do débito. Determinação da prestação 37

26. *Espécies* – Critérios de classificação. Divisão pelo objeto: Prestações positivas e negativas. Subdivisão das prestações de dar; prestações de dar e de fazer. Subdivisão das prestações de dar; prestações de dar coisa certa e de dar coisa incerta. Subdivisão das prestações de fazer. Divisão pelo modo de execução: prestações instantâneas e contínuas. Divisão pela composição: prestações únicas e múltiplas 38

27. *Prestações positivas* – Prestação de coisas e prestação de fatos; em que consiste. Prestações mistas. Distinção entre obrigações de dar e de fazer. Distinção entre prestações de coisas e de fatos. Prestações de coisas: determinadas e determináveis. Obrigações de dar coisa certa; consequências da perda ou deterioração da coisa. Prestação de restituição. Obrigações de dar coisa incerta. Prestação de fatos: fungíveis e não fungíveis. Impossibilidade superveniente 38

28. *Prestações negativas* – Obrigações de não fazer, fim. Objeto das prestações negativas: abstenção e ato de tolerância; deveres permissíveis. Quando se evidenciam as prestações negativas. De que resultam 41

29. *Prestações instantâneas e contínuas* – Noção. Conceito de continuidade. Contratos de execução continuada ou trato sucessivo. Prestações isoladas e reiteradas 42

30. *Prestações simples e complexas* – Prestações simples; unidade de efeito. Prestação complexa; conceito. Prestação complexa e pluralidade de prestações; distinção 43

Capítulo 5

PRESTAÇÕES ESPECIAIS (RA): A DÍVIDA DE INDENIZAÇÃO (RA)

31. *Prestações especiais* – Obrigações de dar, com prestações especiais. Dívida pecuniária. Dívida de indenização. Dívida de interesse 45

32. *Prestação pecuniária* – Objeto. Conceitos de dinheiro. Quando o dinheiro é objeto de prestação pecuniária. Formas por que se apresenta a dívida de dinheiro. Dívidas de simples quantia. A obrigação pecuniária como dívida de soma de valor. Como deve ser satisfeita a prestação pecuniária. Cláusula-ouro. Unidade monetária. Moeda estrangeira. Cláusula de estabilização 45

33. *Dívidas de valor* – Dívida pecuniária e dívida de valor; distinção. Risco da desvalorização nas dívidas de valor... 49

34. *Prestação de indenização* – A reparação dos danos. Causas da obrigação de indenizar. Obrigação de indenizar: primária e secundária. Espécies de dano; concreto e matemático; direto e indireto; material e imaterial; por inadimplemento e por frustração da confiança 50

35. *Princípios a que se subordina* – Princípios relativos à extensão e ao modo de cumprimento da obrigação de indenizar. A indenização cabal; dano emergente e lucro cessante. Processos de reparação: reposição natural e satisfação de prestação pecuniária – *Compensatio lucri cum damno*.. 52

36. *Prestação de juros* – A retribuição do capital. Traços característicos da obrigação de juros. Determinação dos juros. Cálculo dos juros. Juros contratuais. Juros legais. Juros moratórios. A questão do anatocismo, juros e outros frutos civis; dividendos e rendas. Amortizações 53

CAPÍTULO 6

ATOS ILÍCITOS

37. *Aspectos da antijuridicidade* – Desconformidade entre o ato e a norma. Desconformidade pura e simples; sanção: a nulidade do ato. Ato praticado contra direito; lesão a direito subjetivo. Antijuridicidade subjetiva. Antijuridicidade objetiva. Distinção. Quando é ilícito o ato antijurídico. Características do ato ilícito 57

38. *Responsabilidade delitual* – A indenização. Relação obrigacional proveniente de ato ilícito. Patrimonialização da pena civil; evolução. O art. 1.382 do Código de Napoleão. O ato ilícito como fonte de obrigações. Campo da responsabilidade delitual 58

39. *Ato ilícito. O abuso de direito* – Caracterização; dificuldades. O dano. Fato ilícito e fato danoso; distinção. Dever de indenizar independente da prática de ato ilícito; responsabilidade objetiva. Violação de direitos personalíssimos. Atos que violam normas de proteção e atos contrários aos seus bons costumes. Elemento subjetivo: a culpa. Responsabilidade, conceito. Definição de ato ilícito 59

40. *Pressupostos do ato ilícito* – Lesão de um direito personalíssimo. Lesão de um direito real. Violação de preceito legal de tutela de certos interesses. Bens jurídicos cuja lesão constitui ato ilícito. Sistema discriminatório. Sistema sintético 62

41. *Elementos do ato ilícito* – Elementos: objetivo e subjetivo. Elemento objetivo ou material: o dano. Elemento subjetivo: a culpa. Necessidade do dano. A culpa como fundamento da responsabilidade. Violação da lei; ofensa injusta a direito alheio 63

42. *Modalidades do ilícito civil* – A antiga divisão: delito e quase delito. Ato ilícito doloso e culposo. Desnecessidade da distinção. Interesse relativo da sua aceitação. Classificação de Liszt 64

43. *Delito civil e delito penal* – Distinção entre delito civil e delito penal. Critérios distintivos. Adversários da distinção. Pressupostos das duas espécies de responsabilidade. Influência recíproca da jurisdição civil e criminal. Tendências doutrinárias diversas. Preclusão estabelecida pela sentença criminal; quando se verifica. Quando não influi 65

CAPÍTULO 7

ELEMENTOS DO ATO ILÍCITO

44. *Conceito de culpa* – Significado do vocábulo em Direito Civil. Culpa no sentido clássico; desvio de comportamento. Culpa e injúria; distinção. Culpa e dano; distinção. Elementos para a verificação da culpa. A culpa, elemento do ato ilícito 67

45. Modificações do conceito clássico de culpa – Modificações propostas. Confusão entre culpa e nexo causal. Confusão entre culpa e dano. Teoria da culpa preexistente. Objetivo das tentativas para alargar o conceito de culpa 68

46. *Qualificação do ato ilícito* – Qualificação pela culpa *lato senso*. Dolo e culpa *stricto sensu*. Conceito de negligência 70

47. *Graus da culpa* – Culpa grave, leve e levíssima; diferença. O tipo abstrato do bom pai de família. Distinção entre culpa contratual e extracontratual 71

48. *Apreciação da culpa* – Culpa *in abstrato* e culpa *in concreto*. Apreciação da culpa *in abstrato;* padrão de referência. Apreciação *in concreto* da culpa. Individualização da culpa. Preferência pelo critério da culpa *in abstrato* 72

49. *Culpa presumida* – Presunções de culpa. Presunção absoluta e relativa. Mecanismo da culpa presumida. Culpa *in vigilando* e culpa *in eligendo*. Natureza da culpa 73

50. *Imputabilidade* – Conceito. Imputabilidade e capacidade de agir; distinção. Dispensa da imputabilidade. Responsabilidade fundada na equidade 74

51. *Conceito de dano* – Dano patrimonial e extrapatrimonial. Em que consiste o dano. *Damnum emergens*. *Lucrum cessans*. Critério de avaliação do dano 75

52. *Dano patrimonial e extrapatrimonial* – Dano moral. Direito da vítima a uma satisfação. Dano moral puro e dano moral que repercute no patrimônio. Objeções à reparação do dano moral. Compensação e ressarcimento. Modos de satisfação. Posição das legislações em relação à reparação do dano moral. O Código Civil pátrio 75

53. *Dano direto e indireto* – Dano direto; conceito. Dano indireto. Lucro cessante e dano indireto. Indenização excepcional de danos indiretos 78

54. *Nexo causal* – Relação de causa e efeito entre o ato e o dano. Conexão causal; dano decorrente de abstenção. Determinação do nexo causal; causas sucessivas. Concorrência de causas; critérios: equivalência das condições; causalidade adequada; causalidade imediata. Dano produzido por várias pessoas; causalidade comum, concorrente e alternativa. Prova do nexo causal 79

CAPÍTULO 8

RESPONSABILIDADE (RA) CIVIL (RA)

55. *Delimitação do assunto* – Teoria da responsabilidade civil; fontes da obrigação de indenizar. Responsabilidade contratual e delitual. Responsabilidade subjetiva e objetiva. Responsabilidade e garantia. Insuficiência da noção de culpa 83

56. *Evolução da teoria da responsabilidade* – Causas materiais. A doutrina de Saleilles. As ideias de Josserand. Multiplicação dos riscos. Processos tendentes a alargar o campo da responsabilidade. Eliminação da ideia de culpa. Doutrina alemã. A associação da ideia de risco à de proveito. Coexistência dos dois sistemas de responsabilidade. Responsabilidade de equidade 85

57. *Persistência da culpa* – Primado da responsabilidade subjetiva. Culpa e risco. Responsabilidade delitual: seu fundamento. O Código Civil pátrio: art. 159 **(RA)** CC/1916, correspondentes arts. 186 e 927 CC/02 **(RA)** 88

58. *Legitimação* – Sujeitos da relação obrigacional. Legitimação na responsabilidade delitual. Pretensão de indenização. Sujeito ativo; a vítima. Prejudicados diretos e indiretos. Dependentes econômicos da vítima; legitimação excepcional. Legitimação quando há prejudicados direta e indiretamente. Legitimação passiva; pluralidade de agentes. Responsabilidade coletiva. Responsabilidade indireta. Imputabildade. Culpa preexistente 89

59. *Conteúdo da relação obrigacional* – A pretensão do prejudicado. Reposição natural e indenização. Ação preventiva 91

60. Espécies de responsabilidade civil 92

CAPÍTULO 9

RESPONSABILIDADE POR INFRAÇÃO DO DEVER DE VIGILÂNCIA

61. *Qualificação* – Responsabilidade por ato de outrem; impropriedade da expressão. Culpa presumida. O dever de vigilância. Culpa *in vigilando*. Responsabilidade por infração do dever de vigilância; casos. Quando se verifica 95

62. *A culpa* in vigilando *no Direito Pátrio. Arts. 1.521 e 1.523 do Cód. Civil* **(RA)***/1916, correspondentes arts. 932 e 933 CC/02* **(RA)** – A disposição do art. 1.521. O art. 1.523 *(RA)/1916, correspondente art. 933 CC/02* **(RA)**. Código de Menores[1] Inteligência dos dois preceitos do Código. Antinomia. Controvérsias. Exegese correta. Responsabilidade por culpa própria dos culpados por presunção; infração do dever de vigilância. Presunção *juris tantum*. Inversão do ônus da prova. Dificuldade da prova. *Diligentia in eligendo*. Ação contra o causador direto do dano 96

63. *Responsabilidade dos pais* – Responsabilidade dos pais. Filhos menores. Requisitos complementares. Menores de 21 e maiores de 16 anos; art. 156 do Cód. Civil **(RA)***/1916* **(RA)**. Filho emancipado. Capacidade de discernimento do menor. Proibição da ação regressiva.... 99

64. *Responsabilidade dos tutores e curadores* – Fundamento. Dever de vigilância. Direito regressivo. Responsabilidade dos curadores. Irresponsabilidade dos curatelados 101

65. *Responsabilidade dos empregadores* – Importância prática. *Culpa in eligendo*. Poder diretivo do empregador. Presunção relativa de culpa. Existência de relação funcional. Danos causados por ocasião do trabalho. Caracterização do empregador. Direito regressivo 101

66. *Responsabilidade das pessoas jurídicas* – Responsabilidade dos administradores. Responsabilidade pelos atos praticados pelos empregados. Responsabilidade patronal. Pessoas jurídicas de direito público; remissão 103

67. *Responsabilidade por fato de animais* – Infração do dever de vigilância. Dever de guarda. Variação do dever de vigilância. Responsabilidade do dano. Responsabilidade do detentor. Casos em que a responsabilidade é excluída. Animal roubado; culpa preexistente.............. 104

CAPÍTULO 10

RESPONSABILIDADE POR INFRAÇÃO DO DEVER DE GUARDA E DE CONTROLE

68. *Generalidades* – Responsabilidade pelo fato de coisa; impropriedade da expressão. Danos produzidos por intermédio de coisas. Responsabilidade por infração do dever de guarda e controle. Fato do homem. Quando há dever de guarda. Lacuna do Código Civil. Fundamento da responsabilidade, a culpa 107

69. *Modalidades da culpa pelo "fato" da coisa* – Distinções importantes; confusão entre o fato da coisa e o fato do homem; coisa sobre a qual o homem não está exercendo controle; coisas sob guarda 108

70. *Culpa na guarda* – A obrigação de guarda. Violação desse dever. Negligência ou incúria do guardião. Culpa na guarda. Responsabilidade por infração do dever de guarda 109

71. *Culpa no controle* – Coisas perigosas. Confusão entre o "fato da coisa" e do homem. Infração do dever de controle. Insuficiência da teoria subjetiva. Dificuldade de provar a infração. Recursos utilizados para justificar a responsabilidade de quem controla a coisa. Inclinação para a doutrina do risco. Dever de guarda e dever de controle; distinção 109

72. *Culpa por fato indireto* – Casos em que não há dever de guarda. O nexo de causalidade. Responsabilidade baseada na culpa 111

73. *Responsabilidade por infração do dever de controle* – Coisas perigosas; aplicação da teoria do risco. Danos causados por automóvel. Infração do dever de controle. Deveres expressos no Código de Trânsito. Imperícia do motorista. Danos em consequência da velocidade. Presun-

---

1   Trata-se hoje do Estatuto da Criança e do Adolescente, Lei n. 8.069/90.

ção de culpa. Responsabilidade decorrente de culpa na guarda; furto do automóvel. Veículos de transporte coletivo.. 111

CAPÍTULO 11

RESPONSABILIDADE SEM CULPA

74. *Casos* – Impropriedade da expressão "responsabilidade". Garantia. Dever de indenizar imposto pela lei; criação do risco especial; exercício de certos direitos. Teoria do risco. Casos de responsabilidade sem culpa. Casos de responsabilidade pelo exercício de certos direitos... 113

75. *A responsabilidade sem culpa no Direito pátrio* – No Código Civil **(RA)** /1916 **(RA)**; arts. 1.528, 1.529 **(RA)** correspondentes arts. 937, 938 CC/02 **(RA)** e 1.546. Responsabilidade por acidentes no trabalho. Responsabilidade das empresas ferroviárias. Responsabilidade das empresas aeronáuticas. Responsabilidade pelo exercício de um direito; arts. 160, 1.519, 1.520, 1.540, 560, 564, 567, 541 **(RA)** correspondentes arts. 188, 929, 930, 1.251, 1.285, 1.289, 1.293 CC/02 **(RA)**... 114

76. *Responsabilidade sem culpa no Código Civil* – Controvérsias. Responsabilidade decorrente da ruína de edifícios. Responsabilidade proveniente das coisas lançadas ou caídas em lugar indevido: distinção. *Actio de effusis et dejectis*. Responsabilidade do farmacêutico; presunção absoluta de culpa. Solidariedade.. 115

77. *Responsabilidade sem culpa fora do Código Civil* – O Decreto Legislativo nº 2.681, de 1912. Danos causados aos proprietários marginais à linha férrea. Danos sofridos pelos passageiros. Danos causados a terceiros. Acidentes do trabalho; remissão. O Código Brasileiro de Aeronáutica... 115

CAPÍTULO 12

LIQUIDAÇÃO DOS DANOS

78. *Modos de fixar a indenizacão – A estimatio damni;* finalidade. Em que deve consistir a indenização. Liquidação legal, convencional e judicial 117

79. *Liquidação legal* – Que se deve entender por liquidação legal. Elementos constitutivos da indenização; em caso de homicídio; de ferimento ou ofensa à saúde; de deformação; de ofensa à honra. Incapacidade física da vítima; permanente, temporária, total, parcial. Usurpação ou esbulho de alheio; restituição da coisa. Valor estimativo da coisa. Normas gerais 118

80. *Liquidação convencional* – Liquidação amigável; transação. Correspondência subjetiva entre o dano e a reparação. Liquidação convencional quando há seguro 120

81. *Liquidação judicial* – Arbitramento no curso da ação de indenização. Laudo pericial; valor. Simplificação do arbitramento. Avaliação do dano. Limitação da quantia arbitrada ... 120

82. *Formas de reparação* – A reposição natural; dificuldade de obtê-la. Reparação pecuniária; determinação do *quantum*. Forma de pagamento; pagamento de capital e pagamento de renda. Vantagens e desvantagens das duas formas. Eliminação das desvantagens do sistema de pagamento de renda. Preferência da vítima pelo pagamento de capital; admissibilidade 121

83. *A ação de indenização* – Pretensão de indenização e direito de crédito; distinção. Quando nasce o direito de crédito. Quando nasce a pretensão. Dificuldade de determinar o exato momento em que o ato ilícito se consuma. Quem está legitimado a propor a ação de indenização.

Transmissão *mortis causa* do direito a ação. Sujeito passivo da relação processual. Corresponsabilidade. A prova na ação de indenização. A sentença. Extinção da ação de indenização; renúncia, transação; prescrição 122

Referências Bibliográficas 125

Índice Alfabético de Assuntos 131

OBRAS DO AUTOR

1. **O Estado e o indivíduo**. Bahia: Gráfica Popular, 1933 (esgotada).
2. **A convenção coletiva de trabalho**. Bahia: Gráfica Popular, 1936 (esgotada).
3. **Direito do trabalho** (ensaios). Bahia: Liv. Progresso, 1941; 3. ed., 1954.
4. **Introdução ao direito do trabalho**. Rio de Janeiro: Forense, 1944 (esgotada).
5. **O salário no direito brasileiro**. Rio de Janeiro: J. Konfino, 1947 (esgotada).
6. **Do reconhecimento dos filhos adulterinos**. Rio de Janeiro: Forense, 1952; 2. ed., 1957, em colaboração com Nelson Carneiro.
7. **A crise do direito**. São Paulo: Max Limonad, 1957 (esgotada).
8. **Introdução ao direito civil**. Rio de Janeiro: Forense 1957; 20. ed. 2ª tiragem. Atualização de Edvaldo Brito e Reginalda Paranhos de Brito. Rio de Janeiro: Forense, 2010.
9. **Questões de direito civil**. Bahia: Liv. Progresso, 1958; 4. ed., São Paulo: Saraiva, 1976.
10. **Marx e Kelsen**. Salvador: Ed. Universidade da Bahia, 1958; 2. ed. São Paulo: Martins Fontes, 2003.
11. **Raízes históricas e sociológicas do Código Civil brasileiro**. Bahia: Liv. Progresso, 1958; 2. ed. São Paulo: Martins Fontes, 2003.
12. **Contratos**. Rio de Janeiro: Forense, 1959; 9. ed., 1983; 26. ed. Rio de Janeiro: Forense, Atualização de Antonio Junqueira Azevedo e Francisco Paulo de Crescenzo Marino. 2007.
13. **Obrigações**. 17. ed. 4ª tiragem. Atualização de Edvaldo Brito. Rio de Janeiro: Forense, 2009.
14. **Direito privado, novos aspectos**. Rio de Janeiro: Freitas Bastos, 1961.
15. **Direito e desenvolvimento**. Bahia, Ed. Universidade da Bahia, 1961.
16. **Anteprojeto de Código Civil**. Imprensa Nacional, 1963; Rio de Janeiro: Forense, 1985.
17. **Memória justificativa do Anteprojeto de Reforma do Código Civil**. Imprensa Nacional, 1963.
18. **Curso de direito do trabalho**. Rio de Janeiro: Forense, 1963; 8. ed. 1981, em colaboração com Élson Gottschalk.
19. **A reforma do Código Civil**. Salvador: Ed. Universidade da Bahia, 1965.
20. **Transformações gerais do direito das obrigações**. São Paulo: RT, 1966; 2. ed. 1980.
21. **Direito de família**. Rio de Janeiro: Revista Forense, 1968; 5. ed. 1983.
22. **Sucessões**. Rio de Janeiro: Forense, 1970; 5. ed. 1984; 12. ed. atualizada por Mario Roberto Carvalho de Faria, 2004.
23. **Harengas**. Bahia, 1971.
24. **Contrato de adesão**. São Paulo: RT, 1972.
25. **Questões de direito do trabalho**. São Paulo: LTr., 1973.
26. **Direitos reais**. Rio de Janeiro: Forense, 1958; 9. ed. 1985; 19. ed. 3ª tiragem. Atualização de Luiz Edson Fachin. Rio de Janeiro: Forense, 2004.

27. **Alienação fiduciária em garantia**. São Paulo: RT, 1975
28. **O novo direito de família**. 2. ed. Bahia: Cinco Estudos, 1975; Porto Alegre: Sergio Fabris, 1983.
29. **Direito econômico**. São Paulo: Saraiva, 1977, em colaboração com Antunes Varela.
30. **Novas Questões de Direito Civil**. São Paulo: Saraiva, 1979.
31. **Escritos menores**. São Paulo: Saraiva, 1981.
32. **Novíssimas questões de direito civil**. São Paulo: Saraiva, 1984.
33. **Novos temas de direito civil**. Rio de Janeiro: Forense, 1984.
34. **Código civil**: projeto Orlando Gomes. Rio de Janeiro: Forense, 1985. p. 248.
35. **Questões mais recentes de direito privado**: pareceres. São Paulo: Saraiva, 1988. p. 445.

INTRODUÇÃO

Esta obra reúne o pensamento do Professor Orlando Gomes sobre o tema da *Responsabilidade Civil*, explorado por ele desde 1938, quando escreveu **Notícia sobre a Ressarcibilidade do Dano Moral**.[1]

Aqui, estão transportados os capítulos 27 a 33 da formulação original do seu livro **Obrigações**, tal como decidido pela Editora, em face do novo texto do Código Civil e tal como anunciado, em 2003, por este atualizador, quando fez a revisão do referido livro.

Repita-se: a doutrina de Orlando Gomes está refletida nesse novo texto legal, de tal forma, que dispensaria os pouquíssimos ajustes que, nesta edição, a sua obra mereceu.

Antecipou-se o grande mestre, como sempre, em algumas teses transformadas em normas jurídicas de direito positivo pelo legislador do novo texto do Código Civil, o de 2002. Assim, sempre defendeu a *Teoria da Unidade de Responsabilidade Civil*, ao declarar imprópria a expressão *responsabilidade civil contratual*, uma vez que o fato de a fonte *mediata* dessa obrigação ser o contrato, não influencia na reparação do *dano* porque este, sendo resultante de uma violação de um direito subjetivo da vítima, não importa se aconteceu em razão indireta de uma obrigação, qualquer que seja essa sua fonte.

O legislador de 2002 adotou essa ideia e, de logo, separou os efeitos do *inadimplemento* da prestação de uma obrigação, qualquer que seja sua fonte *mediata* (arts. 389 a 420), e os efeitos da *responsabilidade civil*, existente no contexto de uma obrigação, a de *indenizar*, cuja fonte *mediata* é específica, qual seja, o fato da violação de um direito, causadora de prejuízo, bem assim, caracterizada por uma *prestação* especial, a de *indenização* (arts. 927 a 954).

Josserand, em obra antiga, da qual uma parte foi publicada no Brasil em junho de 1941 na Revista Forense,[2] chama atenção de que a *Responsabilidade* "ocupa postos de mais a mais numerosos" porque "deriva de várias fontes que brotam de todas as partes, em todos os pontos do campo jurídico". Logo, impossível confundir o tema com o do descumprimento da prestação obrigacional nascida de

---

1 Cf. **Revista dos Tribunaes**, Bahia, anno XVI, v. 30, n. 2, p. 115-123, set./out. 1938.
2 Cf. **Revista Forense**, jun. 1941.

contrato, descumprimento este que, além dos seus efeitos próprios, também tenha violado direito do credor e lhe causou *dano*.

O pensamento de Orlando Gomes é o de um prospectivo, como já disse ao iniciar esta atualização de sua obra. Ele diferiu sua originalidade de um homem criativo, projetando para o futuro as ideias que formava sobre todas as manifestações do espírito humano, por isso, agora que são apreendidas pelo direito positivo brasileiro, sua obra está atualizada perante as palavras modificadoras do legislador ou aquelas adaptadoras da jurisprudência.

Criticou, a mais não poder, a *teoria tradicional da responsabilidade* pelas suas estreitas formulações, entre nós, que se limitaram ao fundamento da *culpa* no art. 159 do texto de 1916.

Agora, que o texto de 2002, além desse fundamento da *culpa*, adota o do *risco* e o da *garantia da vítima*, os estudos desse eminente autor do anteprojeto do Código Civil, que inspirou, na palavra autorizada de Miguel Reale, o texto de 2002, no que tem de anti-individualista e de socialidade, vale publicar esta sua Doutrina, também, transformada pelo legislador de 2002, em direito positivo, a qual já anunciava os novos paradigmas da *Responsabilidade Civil*; para citar alguns: o da *responsabilidade coletiva*, pelo qual, na dificuldade de identificar-se, no grupo causador de um *dano*, quem é o autor, cada um dos seus integrantes é considerado *responsável*, tomada a regra da *solidariedade*; o da *responsabilidade por equidade*, no *dano involuntário*, quando se *garante* a vítima, se o autor é privado de discernimento, deferindo-se ao juiz prerrogativa de decidir pela condenação dessa pessoa a reparar o *dano*, total ou parcialmente; o da *quantificação do dano* considerando-se os princípios gerais referidos pelo Professor Orlando Gomes, quais sejam: o da extensão do dano, como dosimetria do ressarcimento e os modos de cumprimento pelo sistema misto adotado pelo Código de Processo Civil na liquidação do dano, sobretudo após Lei de 2005; o do *abuso de direito*, como modo de violação do direito de outrem quando o causador desta violação é titular desta prerrogativa, categorizada como direito subjetivo, mas *excede manifestamente* dos limites do seu exercício; o do *dano moral*, expressamente admitido como ressarcível já pela Constituição de 1988 e, enfim, pelo Código Civil.

Vivi, com o professor, uma vida de seu discípulo, seja como aluno quatro anos no curso de graduação e dois no de pós-graduação; seja como seu *orientando* na elaboração da Dissertação do meu Mestrado; seja como integrante de sua *Banca* de advocacia por mais de vinte e cinco anos; seja como leitor do seu pensamento, nas vírgulas e ponto e vírgulas dos seus textos, nesses quase cinquenta anos de estudos jurídicos, conhecendo-lhe o juízo cristalino, lógico e didático, por excelência.

A Forense e a família do Professor Orlando Gomes determinaram aos atualizadores:

> Guardar a uniformidade do estilo de atualizações; elaborar uma introdução que ofereça uma visão de conjunto da obra atualizada, e da

atualização em si; guardar, na atualização, o mérito do pensamento da obra, seguindo a sequência na qual ele está vazado, vedadas, assim, as confrontações de pensamentos divergentes do atualizador; colocar a sigla RA (revisão do atualizador) nos trechos objetos do trabalho do atualizador; excluir os trechos totalmente superados substituindo-os por textos de autoria do atualizador e transferindo-o para um apêndice (os textos do Professor Orlando Gomes suprimidos da obra irão para um apêndice ao final de cada volume); acrescentar, em nota de rodapé e nas referências bibliográficas, nomes de obras e autores consultados para realização do trabalho de atualização.

Um atualizador não pode inovar a obra em atualização, sob pena de infidelidade. Jamais seria infiel ao meu mestre, salvo se não lhe fosse discípulo.

Luiz Edson Fachin[3] já disse: "Hoje, dos caminhos apontados pelo Direito Civil brasileiro contemporâneo, muitos hauridos da percepção crítica de Orlando Gomes, nasce um desafio. De um lado, reconhecer o rearranjo social dos modelos nesse universo de conceitos e formas migrantes, ciente de que se deve considerar a problemática jurídica como problema social, suscetível de análise crítica de seus reflexos na legislação, na doutrina e na jurisprudência. De outra parte, vencer a resistência à transformação."

Este livro antecipa, no seu *conteúdo doutrinário* e no tempo, o *conteúdo normativo* do texto de 2002 do Código Civil brasileiro, sobre *responsabilidade civil*, considerando que o de 1916 não disciplinou a matéria, de modo específico e exaustivo, salvo a referência contida nos seus arts. 159, 1.518 a 1.532 e 1.537 a 1.553, talvez porque, nascido já na plena vigência do Código Civil francês, que é de 1804, esse passou a determinar a reparação do dano, porém, por *culpa*, rompendo a tradição do Direito Romano, no qual a *responsabilidade* era *objetiva*.[4]

A exclusividade da reparação por *culpa* rompeu-se e o *risco* assumiu, também, a posição de fundamento da *responsabilidade*.

Saleilles[5] é o pai da ideia do ressarcimento, abstraído da *culpa*, mas, identificado em decorrência da atividade desenvolvida pelo autor do *dano* e que, pela sua natureza, essa atividade implique *risco* para os direitos de outrem, tal como dispõe a lei brasileira de 2002, acolhendo esse segundo fundamento da *responsabilidade civil*, inovando em relação à disciplina que deu à matéria, em 1916.

---

3   Cf. Nota prévia do atualizador. In: GOMES, Orlando. **Direitos reais**. 19. ed. 6ª tiragem, revista, atualizada e aumentada por Luiz Edson Fachin. Rio de Janeiro: Forense, 2007. p. XI.
4   Cf. JOSSERAND, Louis. **Cours de droit civil positif français**. Paris: Librairie du Recueil Sirey. 1933. II, p. 213.
5   Cf. SALEILLES, Raymond. **Les accidents de travail et la responsabilité civile**. Paris: Rousseau, 1985; **Étude sur la théorie générale de l'obligation**. 3. ed. Paris: Librairie Générale de Droit & de Jurisprudence, 1914. p. 438 e segs.

A partir do que chamou de *riscos profissionais*, esse jurista francês entendeu que o empregador deveria reparar o *dano* sofrido pelo trabalhador, em razão ou durante a atividade *perigosa*, independentemente de sua *culpa*.

O legislador passou a disciplinar a *responsabilidade* por *danos*, não só causados aos trabalhadores ligados à atividade de *risco*, mas, também, a todos que fossem atingidos por consequência de atuação *insalubre* geradora de explosões, emanação de substâncias explosivas, corrosivas, tóxicas, qualquer que fosse o responsável pela atividade privada ou pública. Importante é, doravante, a abstração da *culpa*.

Novos paradigmas da vida social reclamaram, além da *culpa* e do *risco*, mais fundamentos para a *responsabilidade civil*, e eis que se podem agrupá-los na expressão *garantia da vítima*, de que é exemplo eminente a *responsabilidade por equidade* ou indenização por equidade ou equitativa, no dano involuntário atribuído à conduta das pessoas incapazes de discernimento.[6]

As novidades de uma vida social complexa, transformando-se em uma sociedade de riscos em que se dificulta a prova exigida para os casos de *culpa* e de *perigosidade*, passaram a propiciar a adoção de técnica jurídica substitutiva da *probatio diabolica*.[7]

De logo, espanca-se a *imputabilidade*, abstraída, pois, a *culpa*, para adotar, por exemplo, a *responsabilidade coletiva*, a *socialização do risco* ou a *inversão do ônus da prova*.

A *responsabilidade coletiva* configura-se quando grupos causam *dano*, sem que se identifique o autor entre os seus integrantes. Há o *ato ilícito* praticado em comum, por instigadores e **(RA)** coautores **(RA)**. A técnica é a de que cada um responde por todos, solidariamente. Há, então, pluralidade subjetiva, porém, com unidade de prestação, unidade objetiva.

A *socialização do risco* é outro mecanismo jurídico, pelo qual o legislador institui prestações pecuniárias compulsórias, mediante *seguro obrigatório*, operando a função dos fundos financeiros constitutivos de provisão em dinheiro para cobrir saques dos contribuintes participantes da formação da disponibilidade, feitos na forma da legislação de regência.

A *inversão do ônus da prova* tem sido adotada em face do crescimento dos contratos de massa nas relações de consumo.

Essa evolução absorve o *abuso de direito* como categoria oposta ao provérbio romano *neminem loedit qui jure suo utitur* porque, diferentemente de admitir-se que o exercício de um direito, pelo seu titular, não implica cometimento de falta para sujeitar-se às regras da *responsabilidade civil*, entende-se, sobretudo a partir das lições de Duguit, que é possível essa submissão, pois não há direitos subjetivos

---

6   Cf. o Código Civil alemão, § 829; Código suíço das Obrigações, art. 54; Código Civil brasileiro, texto 2002, art. 928.

7   Cf. SCHREIBER, Anderson. **Novos paradigmas da responsabilidade civil**: da erosão dos filtros da reparação à diluição dos danos. São Paulo: Atlas, 2007. p. 16-18.

exercitáveis de modo absoluto, mas, sim, prerrogativas outorgadas ao sujeito de direito, pela ordem jurídica, para o seu titular exercê-las como uma *função social*.

O *abuso de direito*, não sendo um *ato ilícito*, em si, mas a ele assemelhado, não pode participar, obrigatoriamente, do mundo da *culpa*, tanto que é possível configurá-lo, ou a partir do *animus nocendi*, quando se exige a *intenção* de prejudicar alguém sem proveito próprio do agente, ou, então, dispensa-se esse elemento subjetivo e se contempla, objetivamente, a anormalidade ou a atipicidade no exercício do direito subjetivo, expressa no desvio de sua função, ou seja, de sua finalidade econômica ou social, de sua nota de boa-fé, de sua conformidade com os bons costumes, tal como estabelece o Código Civil brasileiro, texto de 2002, que, ao exigir, enquanto exercido, o *excesso manifesto* aos limites impostos por essa função, opta pelo elemento objetivo, apesar, de, contraditoriamente, assemelhá-lo ao *ato ilícito* para o qual há a *culpa* como elemento.

Nestes termos tranquilize-se o leitor, porque, neste livro, está redivivo o grande mestre, príncipe dos civilistas brasileiros do século XX, inspirador do texto de 2002 do Código Civil, logo, está totalmente atualizada a obra, por ele mesmo. Coube-me, apenas, adaptação para preservar tão útil memória, a do meu insuperável mestre de todos os tempos.

Berlinque, Ilha de Itaparica, na Bahia, verão de 2011.
Edvaldo Brito
Coordenador da Comissão de Atualizadores e atualizador deste volume

Capítulo 1

DIREITO DAS OBRIGAÇÕES

Sumário: 1. Direito das Obrigações. **2.** Importância. **3.** Localização. **4.** Plano da obra. **5.** Dever jurídico. Sujeição. Ônus jurídico.

1. Direito das Obrigações. Na classificação das matérias do Direito Civil, a parte relativa aos vínculos jurídicos, de natureza patrimonial, que se formam entre sujeitos determinados para a satisfação de interesses tutelados pela lei, acha-se sistematizada num conjunto de noções, princípios e regras a que se denomina, com mais frequência, *Direito das Obrigações*.[1]

Conforme divisão acolhida nos Códigos modernos, o *Direito das Obrigações* é separado do *Direito das Coisas,* do *Direito de Família* e do *Direito das Sucessões,* constituindo *parte especial*, que agrupa regras particulares, coordenadas em função da natureza peculiar das relações jurídicas a que se destinam.

Os *direitos subjetivos,* assim disciplinados, pertencem à categoria geral dos *direitos pessoais,* que se opõe à dos *direitos reais*. Conquanto não a esgotem, constituem a mais importante de suas subdivisões, distinguindo-se das outras pela *patrimonialidade*. Da mesma natureza, mas sem conteúdo patrimonial, são alguns direitos de família, enquanto outros, também decorrentes da institucionalização do grupo familiar, corporificam interesses econômicos, revestindo as mesmas características de *pessoalidade* e *patrimonialidade*, sem que, todavia, se confundam com os *direitos de crédito,* únicos a que correspondem *obrigações stricto sensu*.

A atividade econômica realiza-se através da disposição das coisas e do aproveitamento de serviços. Para satisfazer seus interesses, o homem não pode limitar-se à utilização direta de bens. Precisa, também, que outros pratiquem atos que lhe

---

[1] Para o estudo do Direito das Obrigações na literatura nacional, são recomendáveis as obras de Lacerda de Almeida, Eduardo Espínola, Carvalho de Mendonça M. I., Clóvis Beviláqua, Orosimbo Nonato, Tito Fulgêncio, Antunes Varela. Na parte concernente à responsabilidade civil, Aguiar Dias, Wilson Melo e Silva. Tratados e cursos: Pontes de Miranda, Serpa Lopes, Washington de Barros Monteiro, Caio Mario da Silva Pereira, Silvio Rodrigues, Franzen de Lima, Jefferson Daibert, Arnoldo Wald.

sejam úteis, aos quais contraprestam por diversas maneiras. Para dispor das coisas, não necessita da intervenção de outro homem, mas, para aproveitar-se de atos alheios, é indispensável que alguém os realize, seja transmitindo a propriedade ou o uso das coisas, seja prestando serviços materiais, ou espirituais. Neste caso, exerce ação sobre seus semelhantes. Na dominação das coisas, seu direito se diz *real*; na utilização de outros homens, chama-se *pessoal*. A distinção corresponde, assim, a um imperativo da vida econômica. O *Direito das Obrigações* disciplina, precisamente, as relações travadas entre pessoas para a satisfação de interesses. Tem, pois, natureza *pessoal*.

Preferível, no entanto, isolá-lo dos outros *direitos pessoais,* uma vez que o terreno de suas instituições pode ser demarcado pelas particularidades ínsitas à sua patrimonialidade. Em vez de tratá-lo no conjunto dos *direito*s pessoais, à base da divisão morfológica mais extensa a que Teixeira de Freitas[2] deu notável desenvolvimento no século passado, deve-se seguir a orientação traçada pelo pandectismo, que é mais interessante, ao menos, no plano metodológico.

A locução *Direito das Obrigações* está mais difundida, apesar de impugnada sob o argumento de que põe o acento tônico num dos lados da relação jurídica, precisamente o *passivo*. Outros preferem denominá-lo *Direitos de* Crédito, salientando o aspecto *ativo,* incorrendo no mesmo vício de unilateralidade. A primeira é mais expressiva, desde que se tome o vocábulo *obrigação* no sentido romano de vínculo jurídico entre duas pessoas,[3] e não na acepção mais restrita do *dever de prestar* que incumbe ao sujeito passivo da relação jurídica.

O estudo do *Direito das Obrigações* deve compreender os conceitos gerais e suas particularizações. Na *parte geral,* cumpre fixar os princípios a que se subordinam todas as obrigações ou, pelo menos, como assinala Dernburg, os maiores grupos, quaisquer que sejam as suas fontes. Compreende, pois, os atinentes à *natureza* das obrigações, ao seu *nascimento,* às suas *espécies,* ao *cumprimento,* à *transmissão* e à *extinção.* Na *parte especial*, consideram-se as relações obrigacionais particulares, isto é, as figuras que se tornaram mais frequentes e, por isso, se apresentam como *tipos* definidos, sujeitos a regras específicas.

A exposição dos princípios gerais é indispensável porque, além de aplicáveis a todas as espécies, regulam as obrigações nascidas no território onde se exerce a liberdade de estruturação das relações obrigacionais. Inúmeras obrigações for-

---

2 **Consolidação das leis civis** – introdução.
3 "A expressão compreende duas situações diferentes e até contrárias, do que resulta que se deve aplicá-la tanto à extensão da liberdade do credor quanto à restrição à liberdade do devedor. As duas situações justapostas são qualificadas pela expressão comum: "*Obligatio*". SAVIGNY, Frédéric Carl de. **Le droit des obligations**. v. 1º, p. 11. Ademais, segundo esclarece o grande romanista, a atividade do devedor deve ser considerada como a coisa capital, a essência da obrigação, p. 7. Consultar, do autor: **Transformações gerais do direito das obrigações**. 2. ed. São Paulo: Revista dos Tribunais, 1980; NONATO, Orosimbo. **Curso de obrigações**. v. 1, p. 76; FULGÊNCIO, Tito. **Direito das obrigações**. p. 17; GIORGIANNI, Michele. **La obligación**. p. 20; GAUDEMET. **Théorie générale des obligations**. p. 9.

mam-se sem subordinação ao esquema traçado pela lei ao disciplinar os negócios jurídicos mais usuais.[4] A esses *negócios atípicos* aplicam-se os princípios gerais.

Na *parte especial*, elaboram-se os princípios básicos das relações típicas, explicando-se as normas que regulam cada categoria e cada espécie, as mais das vezes de caráter supletivo.[5]

2. Importância. O *Direito das obrigações* compreende as relações jurídicas que constituem as mais desenvoltas projeções da *autonomia privada* na esfera patrimonial. Enquanto o *Direito das Coisas* se esgota em reduzido número de figuras, rigidamente delineadas na lei, e submetidas à disciplina uniforme. O *Direito das Obrigações* não tem limites senão em princípios gerais que deixam à vontade individual larga margem à provocação de efeitos jurídicos consoantes aos mais variados interesses que tutela. Sob esse aspecto, apresenta-se como a suprema expressão da liberdade individual, no exercício das atividades privadas de ordem patrimonial, o campo de eleição da *autonomia privada*.

Por outro lado, o *Direito das Obrigações* exerce grande influência na vida econômica, uma vez que regula relações da infraestrutura social, dentre as quais se salientam, por sua relevância política, as de *produção* e as *de troca*. É através de *relações obrigacionais* que se estrutura o regime econômico, sob formas definidas de atividade produtiva e permuta de bens. Tanto basta para atestar sua importância no conjunto das normas constitutivas da *ordem jurídica*. O funcionamento de um sistema econômico prende-se à sua disciplina jurídica, variando conforme o teor e a medida das limitações impostas à liberdade de ação dos particulares. Enfim, retrata o *Direito das Obrigações* a estrutura econômica da sociedade. Manifesta-se ainda sua importância prática pelo fenômeno, hoje frequente, da constituição de patrimônios compostos quase exclusivamente de *títulos de crédito* correspondentes a *obrigações* (Gaudemet) **(RA)** e pela disciplina, no seu bojo, da responsabilidade civil. As normas gerais, dispondo sobre esse ramo do Direito, estão inseridas no novo texto do Código Civil brasileiro, de 2002, respectivamente, nos Títulos III do Livro III da sua PARTE GERAL e IX do Livro I da sua PARTE ESPECIAL **(RA)**.

---

4 Neste volume cuida-se tão só da parte geral. Consultar, do autor, **Contratos**. 26. ed. revista, atualizada e aumentada de acordo com o Código Civil de 2002, por Antonio Junqueira Azevedo. Rio de Janeiro: Forense, 2008 **(RA)** itens 75 e segs. **(RA)**.

5 Ver **Contratos**, do autor **(RA)** já citado, item 13 **(RA)**. A função das regras supletivas consiste, segundo Antunes Varela, em duplo objetivo: *a)* fixar, de acordo com a vontade presuntiva das partes, o regime aplicável aos contratos com *lacunas de omissão ou lacunas de colisão*; *b)* estabelecer os preceitos basilares das relações onde não pontifica a vontade das partes ou interferem interesses superiores. **Das obrigações em geral**. Coimbra, 1970. p. 16. ENGISCH, Karl. **Introdução ao pensamento jurídico**. 6. ed. Tradução de J. Baptista Machado. Lisboa. Fundação Calouste Gulbenkian, 1977.

A rede que distende apanha toda pessoa humana, como nota Hedemann.[6] Na sua justa observação, o número de relações obrigacionais, que se travam cada dia, ascende a milhões. Toda a nossa vida se desenvolve, com efeito, numa atmosfera em que o *Direito das Obrigações* está presente. Assim, o conhecimento de sua dogmática e de sua técnica interessa, fundamentalmente, ao jurista.

3. Localização. Admitindo o plano metodológico da divisão do *Direito Civil* numa *parte geral* e em *partes especiais,* interessa saber onde se deve colocar o *Direito das Obrigações*. A *localização* dessa *parte especial* é importante sob o ponto de vista didático, mas, também, na ordenação das matérias do Código Civil.

O *Direito das Obrigações* deve ser estudado logo após a *parte geral,* precedendo, pois, ao *Direito das Coisas,* ao *Direito de Família* e ao *Direito das Sucessões.* Conhecidos os princípios fundamentais do Direito Privado, de aplicação comum às *partes especiais,* e sabidos os conceitos gerais, impõe-se, de imediato, o estudo do *Direito das Obrigações*. A principal razão dessa prioridade é de ordem lógica. O estudo de vários institutos dos outros departamentos do Direito Civil depende do conhecimento de conceitos e construções teóricos do *Direito das Obrigações,* tanto mais quanto ele encerra, em sua parte geral, preceitos que transcendem sua órbita e se aplicam a outras seções do Direito Privado. Natural, pois, que sejam apreendidos primeiro que quaisquer outros. Mais fácil se torna, assim, a exposição metódica. De fato, a solução do problema da *localização* deve ser dada consoante a seguinte regra: "Os institutos, para cuja compreensão forem suficientes as regras estabelecidas na Parte Geral, devem ser considerados em primeiro lugar".[7] Estão nesse caso os que se incluem no grupo das obrigações.[8]

Entendem alguns escritores, não obstante, que a prioridade deve dar-se ao *Direito de Família,* pela conexão mais estreita com a pessoa humana.[9] Pensam outros que o *Direito das Coisas* deve ter precedência, por ser mais intuitiva a noção de propriedade.[10]

---

6 **Derecho de obrigaciones**. p. 30. Observa Josserand que o Direito das Obrigações constitui a base não somente do Direito Civil, mas de todo o Direito: a obrigação, a armadura e o substrato do Direito. **Cours de droit civil français**. t. II, p. 2.
7 ESPÍNOLA, Eduardo. **Sistema do direito civil brasileiro**. v. I, p. 235.
8 ESPÍNOLA, Eduardo. Ob. cit. p. 235. Preferem esta seriação os escritores alemães: Dernburg, Crome, Enneccerus, Larenz, dentre outros.
9 Os escritores franceses, embora não sigam a orientação tedesca, que distingue a parte geral da parte especial, iniciam o estudo do Direito Civil pelo Direito de Família. Os mais modernos continuam a proceder desse modo. Ver MAZEAUD. **Leçons de Droit Civil**; MARTY, Gabriel; RAYNOUD, Pierre. **Droit civil**; CARBONNIER, Jean. **Droit civil**.
10 Adotam essa orientação, dentre outros, Windscheid, Gierke, Pacifici Mazzoni. Entre nós, Clóvis Beviláqua sustenta que o estudo dos direitos reais deve preceder ao do Direito das Obrigações. Ver **Em defesa do projeto de Código Civil**. Atenta, porém, à circunstância de que as relações jurídicas de natureza obrigacional podem ser estudadas independentemente do conhecimento das noções especiais pertinentes à família, à propriedade e à herança, justifica-se a prioridade de sua exposição, apesar de certas dificuldades oriundas da maior complexidade da matéria e do tecnicismo que a envolve.

Nos Códigos, a sequência das matérias sob esse critério não tem maior importância. No entanto, preconizam-na muitos, sob o fundamento de que o livro das obrigações tem mais íntima conexão com a parte geral.[11]

Em alguns Códigos, a matéria relativa às *obrigações* não é condensada, em sua totalidade, no livro especial que lhe é dedicado. Diversos preceitos encontram-se na *parte geral*. Importa, assim, conhecer a *preordenação*, nessa parte geral, do capítulo relativo aos *fatos jurídicos lato sensu*, onde estão dispostas diversas regras e assentados vários princípios que informam teorias e conceitos gerais do *Direito das Obrigações*, integrando-o, a despeito de a ele se não circunscreverem todos.

Por outro lado, há *relações obrigacionais* consideradas a propósito de outros institutos jurídicos, colocando-se, assim, nos Códigos como nos compêndios, à margem do setor dogmaticamente delimitado da sua especialização. Tais obrigações assemelham-se às sistematizadas na parte em que se estudam, ou regulam, os vínculos obrigacionais típicos. Encontram-se no *Direito de Família*, no *Direito das Coisas* e no *Direito das Sucessões*. Não raro, porém, são deveres ou *ônus* que não se confundem com as *obrigações propriamente ditas*.

No território do *Direito Público,* interno e internacional, formam-se igualmente *obrigações*.

Contudo, interessam-nos, apenas, por injunções metodológicas, as *obrigações* compreendidas na *parte especial do Direito Civil*.

4. Plano da obra. O estudo das obrigações sistematiza-se com a distribuição da matéria nos seguintes capítulos:

1. Conceito e estrutura;
2. modalidades;
3. efeitos;
4. transmissão;
5. extinção;
(RA) 6. inadimplemento **(RA)**;
7. contratos;
8. várias espécies de contrato;
9. obrigações por declaração unilateral da vontade;
(RA) 10. obrigações por atos ilícitos (obrigação de indenizar) **(RA)**;
11. obrigações reais;
12. título de crédito;
(RA) 13. declaração de insolvência **(RA)**.

---
11 HEDEMANN, Justus Wilhelm. Ob. cit. p. 15.

A *teoria geral* compreende a determinação do conceito, fontes e elementos estruturais da obrigação.

A matéria atinente às *modalidades das obrigações* subdivide-se em sete partes: *obrigações de dar, obrigações de fazer, obrigações* de *não fazer, obrigações alternativas, obrigações divisíveis e indivisíveis, obrigações solidárias*. **(RA)** Aqui se deve acrescentar mais uma parte, a da *obrigação de indenizar*, expressamente, regida pelo texto de 2002 do Código Civil e objeto deste livro **(RA)**.

A análise dos *efeitos das obrigações* abrange os princípios concernentes ao *cumprimento*, às *perdas* e *danos* e aos *juros legais*, revestindo-se de especial interesse os que informam, quanto ao pagamento, seu objeto e prova, lugar e tempo, *mora, pagamento indevido, pagamento por consignação, pagamento com sub-rogação, imputação do pagamento, dação em pagamento, novação*, compensação, confusão e remissão de dívidas.

(RA) Esses efeitos das obrigações, quando, gerados pelo *inadimplemento* da prestação, não são estranhos à *obrigação de indenizar*, sendo-lhes pertinentes se o devedor da respectiva prestação não a cumprir. Esta circunstância permite distinguir esses efeitos do *inadimplemento* daqueles que são decorrentes da prática do *ato ilícito* porque este ato é a fonte mediata da *obrigação de indenizar* e porque ele, por sua vez, tem como efeito o dever de reparar o dano.

Consequentemente, se o sujeito passivo da *obrigação de indenizar*, que é o causador do dano, não cumpre a correspondente prestação, cujo objeto é a *indenização*, é óbvio que *inadimpliu* e, assim, além de devedor da *prestação de indenização* (ver item 34 *infra*), subordina-se, também, às regras aplicáveis a quem descumpre qualquer prestação, arcando, no que couber, com os juros, com os efeitos da mora, perdas e danos, correção monetária, cláusula penal e arras.

Acentue-se, contudo, que se opera, de verdade, uma *retroalimentação* entre os efeitos do *inadimplemento* e o da *obrigação de indenizar*.

Assim, como pode haver um dever jurídico, consequente da violação de um direito subjetivo a uma prestação de qualquer natureza, da qual não resulte *dano*, mas gere o efeito de pagar os consectários do *inadimplemento*, pode, também, haver um dever jurídico não cumprido, consequente da violação de um direito subjetivo da qual resulte *dano* e que, por isso, gere os efeitos do *inadimplemento*, além de já ter gerado o efeito de *indenizar* (cf. item 34, *infra*) **(RA)**.

No capítulo da *transmissão,* examinam-se a *cessão de crédito* e a *assunção de dívidas*. Os outros capítulos pertencem à *parte especial*, salvo o *concurso de credores*. **(RA)** Também estas não são circunstâncias estranhas à *obrigação de indenizar*, dado que elas podem envolvê-la **(RA)**.

No plano metodológico, a *parte geral* do *Direito das Obrigações* **(RA)** inclui a obrigação de indenizar e **(RA)** deve ser exposta na seguinte ordem: 1º) *conceituação e caracterização* da obrigação; 2º) *execução das obrigações;* 3º) *transmissão das obrigações;* 4º) *extinção das obrigações.*

Esses estudos devem ser completados com algumas noções relativas à *tutela de crédito.*

5. Dever jurídico. Sujeição. Ônus jurídico. O conceito de *obrigação* deve ser depurado da intromissão de outras noções jurídicas tecnicamente distintas, tais como as de *dever jurídico, sujeição* e *ônus*.

(RA) Em uma *relação jurídica* qualquer, a *obrigação* ocupa o seu lado passivo e, por isso, consiste no próprio *dever jurídico*, podendo, assim, ser definida como sendo certo comportamento exigível pelo titular do respectivo direito subjetivo (lado ativo). Já, examinando o conceito de *dever jurídico*, fora do contexto da *relação*, ele não se superpõe ao de *obrigação*; são, nesta perspectiva, distintos. A rigor, pode-se afirmar, nesse contexto, que *dever jurídico* é distinto de *obrigação* por ser *esta* o todo de que *ele* é uma das suas duas partes, o lado passivo desta **(RA)**.

Dever jurídico, aqui, é a necessidade que corre a todo indivíduo de observar as ordens ou comandos do ordenamento jurídico, sob pena de incorrer numa *sanção*,[12] como o dever universal de não perturbar o exercício do direito do proprietário.

No *dever jurídico,* a *sanção* é estabelecida para a tutela de um interesse alheio ao de quem deve observá-lo.

Trata-se, pois, de noções que não se confundem com a de *obrigaç*ões, embora se costume falar em obrigação negativa e universal (*dever jurídico*) de todo indivíduo abster-se de atos turbativos da propriedade alheia, de sujeitar-se (*sujeição*), sem poder impedir, às consequências do exercício de um direito alheio, e de registrar a escritura para adquirir a propriedade (*ônus jurídico*).

A *obrigação* comporta com sacrifício do interesse próprio em favor de um interesse alheio; no *ônus,* o sacrifício do interesse próprio visa a outro interesse próprio que o sujeito considere preponderante sobre o primeiro, nas palavras de Lumia.

---

12 O aspecto fundamental do conceito é que a sanção estatuída visa a tutelar um interesse alheio ao do sujeito do dever. ANDRADE, Manuel A. Domingues de. **Teoria geral das obrigações**. 3. ed. p. 2. VON TUHR, Andreas. **Tratado de las obligaciones**. trad. v. 1º, p. 9.

Capítulo 2

A OBRIGAÇÃO

> **Sumário: 6.** Conceito. **7.** Estrutura da obrigação. **8.** Sujeitos. **9.** Objeto. **10.** Conteúdo. **11.** Fato jurídico. **12.** Garantia. **13.** A obrigação no Direito moderno.

6. Conceito. A *obrigação* pertence à categoria das relações jurídicas de natureza *pessoal*.

Na sua definição, tem-se levado em conta, preferentemente, o lado passivo, que se designa pelo termo *obrigação* ou, mais à justa, *dívida*. Vista, porém, do lado ativo, chama-se *crédito*. O acento pode recair tanto no *direito* como no *dever*. Em consequência, a parte do Direito Civil que se ocupa dessa relação jurídica, conhecida tradicionalmente como *Direito das Obrigações*, também admite a denominação *Direitos de Crédito*.

Obrigação é um *vínculo jurídico* em virtude do qual uma pessoa fica adstrita a satisfazer uma prestação em proveito de outra.

É a definição clássica dos romanos, incorporada às *Institutas*: "*Obligatio est juris vinculum, quo necessitate adstringimur alicujus solvendae rei.*" Conquanto mereça, ainda, aplausos dos civilistas, o conceito não é inteiramente satisfatório em razão das interpretações que comporta a expressão *"solvere rem"*. Tomada no sentido literal e restrito de pagar uma coisa, não abrange todas as espécies de obrigação; na acepção ampla de prestação, compreende todos os deveres jurídicos.[1] Admite-se, no entanto, que a expressão se refere a todas as prestações patrimoniais.

A afirmação de que a obrigação constitui um *vínculo jurídico* não é redundante. Explica-se, para distingui-la de outras relações que não configuram sujeição de direito como, *v. g.*, os deveres puramente morais.[2]

---

[1] ALLARA. **Le nozioni fondamentale di diritto civile**. v. 1, p. 422; Pacchioni critica a definição porque não diz explicitamente qual é a verdadeira natureza e o objeto do *vinculum*, se espiritual ou físico. **Diritto civile italiano**, 2ª parte. v. 1, p. 4.

[2] ENNECCERUS, KIPP e WOLFF. **Tratado de derecho civil, derecho de obligaciones**. v. I. p. 5.

Elemento decisivo do conceito é a *prestação*. Para constituir uma *relação obrigacional*, uma das *partes* tem de se comprometer a *dare, facere* ou *praestare*, como esclareceu o jurisconsulto Paulo, isto é, a transferir a propriedade de um bem ou outro direito real, a praticar ou abster-se de qualquer ato ou a entregar alguma coisa sem constituir direito real.[3] Necessário, finalmente, que a *prestação* satisfaça ao interesse do titular do direito de crédito, porque o vínculo se estabelece estritamente para esse fim.[4]

Encarada pela face ativa, a *relação obrigacional* apresenta-se com *direito de crédito*, correspondente a uma de suas *partes*, o credor.

A *pretensão* de seu titular, dirigida à outra parte, consiste no poder de exigir a *ação* ou *omissão* prometidas, e tende à satisfação do seu interesse,[5] extinguindo-se, pois, quando este é atendido de qualquer modo.[6] O *fim* do direito de crédito, caracterizado nesse interesse privado do titular, é a nota que permite distingui-lo de certas faculdades, nascidas de outras relações jurídicas de natureza *pessoal*, muito semelhante, mas disciplinadas em outras partes do Direito Civil, notadamente o Direito de Família.[7]

O objeto do *direito de crédito* é a *prestação*, isto é, a *ação* ou *omissão* da parte vinculada, mas, por abreviação, costuma-se dizer que a coisa a ser entregue ou o fato a ser prestado constituem-no.

O *conteúdo* compreende o poder de exigir, do credor, e a necessidade jurídica de satisfazer, do devedor.

Positivado que a *relação obrigacional* compreende *dívida* e *crédito*, que mais não são do que aspectos sob que se apresenta, não é correto conceituá-la unilateralmente,[8] ainda quando se insista em designá-la com o vocábulo *obrigação*, que é o corriqueiro. A definição, para ser completa, deve ressaltar as duas faces, ativa e passiva.

Encarada em seu conjunto, a *relação obrigacional* é um vínculo jurídico entre duas partes, em virtude do qual uma delas fica adstrita a satisfazer uma prestação patrimonial de interesse da outra, que pode exigi-la, se não for cumprida espontaneamente, mediante agressão ao patrimônio do devedor.

---

3   VAN WETTER. **Les obligations in droit romain**. t. 1º, p. 3. Assim, pelo contrato de compra e venda, o vendedor obriga-se a transferir o domínio da coisa vendida, contraindo, pois, uma obrigação de dar; pelo de empreitada, obriga-se a confeccionar determinada obra; ou, pelo de trabalho, a realizar serviços; pelo de locação, a entregar o bem ao locatário, sem lhe transferir a propriedade do mesmo ou constituir direito real limitado.
4   ENNECCERUS, KIPP e WOLFF. **Tratado de derecho civil**. t. 2º; **Derecho de obligaciones**. v. I, p. 5.
5   ENNECCERUS, KIPP e WOLFF. Ob. cit. p. 5.
6   Desse modo, se terceiro paga a dívida, o direito do credor se extingue.
7   Seria absurdo chamar de crédito a faculdade de o marido exigir da mulher que o acompanhe na mudança de domicílio. O dever de segui-lo não é obrigação resultante de relação jurídica do tipo obrigacional propriamente dito.
8   Consultar GOMES, Orlando. **Transformações gerais do direito das obrigações**. 2. ed. São Paulo: Ed. Revista dos Tribunais, 1980. p. 148 e segs.

Nesta definição, o *dever de prestar* e o *direito de crédito*, aspectos *passivo* e *ativo* da relação obrigacional ou creditória, estão igualmente contemplados. Conforme as expressões de Larenz, é a relação jurídica pela qual duas ou mais pessoas se obrigam e adquirem o direito a exigir determinadas prestações.[9]

A superioridade da outra definição está em salientar a *sujeição* do patrimônio do devedor ao poder de ação do credor, seja na sua totalidade, seja em parte, que se tem como indispensável elemento de caracterização das *obrigações* perfeitas.

Duas características distinguem os *direitos de crédito*: 1) só sujeitos determinados podem ofendê-los; 2) a proteção jurídica é restrita ao ofendido. No Direito moderno tornou-se expressa a regra de que credor e devedor devem agir corretamente, comportando-se com decência em relação às exigências do mercado e aos princípios de solidariedade humana e social, nas palavras de Trabucchi. Aplica-se às obrigações o princípio da *boa-fé* objetivamente conceituada, que exige, além da colaboração entre as partes da relação, honestidade, lealdade e fidelidade em cada qual.

7. Estrutura da obrigação. Estrutura-se a obrigação pelo vínculo entre dois sujeitos, para que um deles satisfaça, em proveito do outro, certa prestação.

A subordinação do interesse de alguém ao de outrem manifesta-se sob a forma de correspondência a uma *pretensão* determinada. Não se configura um poder imediato sobre a coisa. Só indiretamente afeta ao patrimônio. Exprime, numa palavra, um *jus ad rem*. Caracteriza-se pela vinculação de dois sujeitos determinados ou determináveis, que assumem posições opostas. Um é *sujeito passivo*, o outro *sujeito ativo*. Nas *relações obrigacionais* de teor mais simples, os dois sujeitos contrapõem-se, figurando cada qual, exclusivamente, numa das posições. Predominam, no entanto, as *relações complexas*, nas quais a mesma *parte* ocupa, concomitantemente, as posições ativa e passiva, porque lhe tocam direitos e obrigações que, inversamente, correspondem ao outro sujeito.[10]

Os dois sujeitos, o *ativo* e o *passivo*, são, pois, elementos estruturais da *relação obrigacional*. Não é necessário, porém, que um deles esteja determinado no momento em que a relação nasce.

O *sujeito ativo* chama-se *credor*. O *passivo, devedor*.

Objeto da relação obrigacional é a *prestação*, isto é, o ato ou omissão do devedor. Não é pacífico, todavia, esse entendimento. Houve quem sustentasse que o *objeto* da obrigação é o próprio *devedor*,[11] mas, evidentemente, trata-se de opinião

---

9 **Derecho de obligaciones.** t. 1º, p. 18.
10 Assim, na relação obrigacional de venda, o vendedor tem direito a receber o preço e obrigação de entregar a coisa, e, correspectivamente, o comprador tem direito de exigir que a coisa lhe seja transferida e obrigação de pagar o preço.
11 Brinz, Hartmann, Osti.

extravagante. Para outros, a obrigação tem como objeto os *bens* e os direitos reais,[12] por isso que a sua obtenção é o fim visado pelo titular do direito de crédito. Predomina, no entanto, a opinião de que o objeto dos direitos creditórios é a *prestação*.

Para dissipar dúvidas, deve-se distinguir, na relação, o *objeto imediato* do *mediato*, ou, por outras palavras, o *objeto* da *obrigação do objeto* da *prestação*.

Objeto imediato da obrigação é a *prestação*, a atividade do devedor destinada a satisfazer o interesse do credor. Objeto *mediato*, o bem ou o serviço a ser prestado, a coisa que se dá ou o ato que se pratica. O objeto da obrigação específica de um comodatário é o ato de restituição da coisa ao comodante. O objeto dessa prestação é a coisa emprestada, seja um livro, uma joia ou um relógio. Costuma-se confundir o objeto da obrigação com o objeto da prestação, fazendo-se referência a este quando se quer designar aquele, mas isso só se permite para abreviar a frase. Tecnicamente, são coisas distintas.

Inadmissível, outrossim, a confusão entre *objeto da obrigação* e *conteúdo* da relação obrigacional.[13] O *conteúdo* da relação compreende o poder coativo do credor e o dever de prestar, que é, para o devedor, uma necessidade jurídica, não a prestação.

Os outros elementos estruturais da *relação obrigacional* não requerem esclarecimentos particulares.

São dois os elementos que individualizam a obrigação: o *conteúdo* e a *causa*, obtendo-se aquele pela resposta à pergunta: *quid debetur?*, e este pela resposta à pergunta: *cur debetur?*; distinguindo-se de qualquer outra pelo conteúdo que tem em relação a uma causa determinada.[14]

8. Sujeitos. A relação jurídica obrigacional constitui-se pelo vínculo jurídico entre partes contrapostas.

Tanto podem ser *sujeitos* da obrigação as pessoas naturais como as jurídicas. Exige-se que sejam capazes, como, de regra, para a constituição de toda relação jurídica. Distingue-se, porém, a *capacidade negocial da capacidade delitual*, tendo-se em vista que a obrigação tanto pode resultar de um negócio jurídico como de um ato ilícito, sendo imposta, neste caso, pela lei.

Os *sujeitos* da relação obrigacional são ordinariamente *singulares*. De regra, cada *parte* constitui-se de uma só pessoa, mas se admite a *pluralidade* de *credores* e *devedo*res. Ou uma só das *partes* se integra de várias pessoas, que ocupam a posição, em comum, de credor ou de devedor,[15] ou as duas partes são plurais. O número de pessoas ocupantes da mesma posição não influi no de *partes*.

Não é necessário que os *sujeitos* da relação sejam pessoas determinadas. Basta que possam ser determinadas. Por isso, diz-se que devem ser *determináveis*, em-

---

12 BARBERO. **Sistema istituzionale del diritto privato italiano**. t. II.
13 BARBERO. **Sistema istituzionale del diritto privato italiano**. t. II, p. 10.
14 TRABUCCHI. Ob. cit. p. 525.
15 HEDEMANN. Ob. cit. p. 39.

bora, de ordinário, o vínculo se estruture entre pessoas individualizadas. Admite-se que o sujeito ativo só se determine posteriormente ao nascimento da obrigação.

A *indeterminação* há de ser limitada, no sentido de que se faz necessária qualquer indicação que possibilite averiguar-se quem é credor.[16]

Aponta-se a substituição dos sujeitos originários da relação como atenuação da regra da *determinação dos sujeitos*. Sempre que tal substituição participa do destino natural dos direitos oriundos da relação, diz-se que há *obrigação ambulatória*. Caso típico é o das obrigações por *título ao portador*.

A substituição verifica-se também no *lado passivo (ambulatoriedade passiva)*. Nas obrigações *propter rem*, a propriedade não é gravada, como nos ônus reais, mas vale para individuar o sujeito passivo,[17] acompanhando-a.

Na relação obrigacional intervém frequentemente, tanto na formação como na extinção, certas pessoas denominadas *auxiliares*. Não têm a condição de *sujeitos*, mas cooperam, ajudando-os.

São cooperadores: *a) os representantes; b) os núncios; c) os auxiliares executivos*.

Os *representantes* agem em nome e no interesse de qualquer dos sujeitos da relação, emitindo declaração de vontade que a estes vincula. Por seu intermédio, as pessoas absolutamente incapazes contraem obrigações. Quando voluntariamente constituídos para esse fim, chamam-se procuradores. Dos *representantes*, distinguem-se os *núncios* ou *mensageiros*. Embora tenham atuação mais limitada, circunscrita à transmissão da vontade do credor ou do devedor, colaboram na prática dos atos que incumbem *às partes* da relação. A rigor, não devem ser incluídos entre os *auxiliares executivos*, que são ajudantes utilizados pelo devedor para o cumprimento de sua obrigação. Tais são as pessoas que se encontram num estado de subordinação jurídica ou *hierárquica* para com os sujeitos da relação, em virtude, ordinariamente, de um contrato de trabalho. Este vínculo abre-lhes ampla margem de ação, assegurando-lhes maior liberdade do que os núncios, pois a sua função não se limita à transmissão da vontade. Não se inserem, entretanto, na relação, como ocorre com os representantes, permanecendo no vínculo somente o devedor. **(RA)** O tema do auxiliar tem importância porque conduz à responsabilidade por fato de terceiro na inexecução culposa da prestação, objeto de obrigação contratual, a que alude o autor no item 123 do seu livro **Obrigações** desta mesma Editora **(RA)**.

A colaboração também pode ser dada ao *credor*, como no exemplo da pessoa a quem o devedor entrega mercadorias, sem que, para recebê-las, tenha poder de representação.

---

16 HEDEMANN. Ob. cit. p. 41. Entre os sinais indicativos apontam-se a exibição do título e a realização das condições da prestação correspondente.

17 TRABUCCHI. Ob. cit., p. 529. Esclarece este autor que a doutrina se orienta no sentido de que também as obrigações *propter rem* constituem figuras típicas (*numerus clausus*).

9. Objeto. Enquanto os direitos reais têm como objeto uma coisa, os direitos obrigacionais visam à prática de determinada ação ou omissão do sujeito passivo.

A ação, ou a omissão, do devedor chama-se *prestação*, que é, com efeito, o *objeto da obrigação*.[18]

Nem toda ação juridicamente devida constitui *prestação* no restrito sentido do termo. Importa que a obrigação, da qual seja objeto, tenha caráter patrimonial. A *patrimonialidade* da *prestação* foi motivo de controvérsia, enquanto não se distinguiu o *interesse* do credor em ser satisfeito e seu *objeto*. A confusão ensejava dúvida a respeito da necessidade de ter a obrigação valor econômico. Com fundamento nas fontes romanas, sustentava-se que a economicidade era requisito essencial da obrigação; *"ea enim in obligatione consistere, quae pecunia cui praestatione possunt"*.

Ihering insurgiu-se contra esta interpretação, defendendo a tese de que todo interesse merecedor de proteção, seja, ou não, suscetível de avaliação pecuniária, pode consubstanciar uma *prestação*. Interesses morais justificam a constituição de vínculo obrigacional tanto quanto interesses econômicos. Nada que contestar. No entanto, o problema da *patrimonialidade* da *prestação* não encontrara solução completa, uma vez que a tese dispensava o requisito da economicidade no interesse do credor, mas não decidia se a prestação pode ter conteúdo que não seja econômico. Necessário era, como se reconheceu, distinguir duas características essenciais: a *patrimonialidade* e a *correspondência a um interesse*, também moral, do credor.[19] O interesse não precisa ser econômico, mas o *objeto* da prestação há de ter conteúdo patrimonial. Na sua contextura, a *prestação* precisa ser patrimonial, embora possa corresponder a interesse extrapatrimonial. A patrimonialidade da prestação, objetivamente considerada, é imprescindível à sua caracterização, pois, do contrário, e segundo ponderação de Colagrosso, não seria possível atuar a *coação jurídica*, predisposta na lei, para o caso de inadimplemento.

Na definição do objeto da obrigação é necessário, em suma, ressaltar que deve ser suscetível de avaliação econômica, e corresponder a um interesse do credor, que, todavia, pode não ser patrimonial.

Não é pacífica, por outro lado, a determinação do *objeto imediato* do direito do credor. Cabe-lhe, sem nenhuma dúvida, exigir a *prestação* a que se obrigou o devedor, mas é controvertido se a ação deve consistir apenas numa atividade ou, ainda, no seu resultado. O direito do credor não pode ter conteúdo diverso da obrigação do devedor, mas, em verdade, enquanto o comportamento deste se há de manifestar por uma comissão ou por uma omissão, a pretensão do credor dirige-se ao resultado dessa ação ou inação, que é, precisamente, o que lhe interessa. Para compreender a discrepância, impõe-se a distinção entre as *obrigações de meios* e as *obrigações de resultado*.[20] Correspondem as primeiras a uma atividade concreta

---

18   VARELA, Antunes. **Direito das obrigações**. Rio de Janeiro: Forense, 1977. p. 71.
19   COLAGROSSO. **Il libro delle obbligazioni**: commento al nuovo Codice Civile italiano. p. 12.
20   Consultar FROSSARD. **La distinction des obligations de moyens et des obligations de resultat**.

do devedor, por meio da qual faz o possível para cumpri-las. Nas outras, o cumprimento só se verifica se o resultado é atingido.[21]

O comportamento do devedor resume-se a *dar, fazer* ou *não fazer* alguma coisa.

10. Conteúdo. O *conteúdo* da obrigação define-se pela relação *crédito-débito*. É o poder do credor de exigir a prestação e a necessidade jurídica do devedor de cumpri-la.

(RA) A *obrigação de indenizar* tem a vítima como credor, por isso seu conteúdo é a pretensão, desse prejudicado, à reparação do dano **(RA)**.

A *obrigação* é vínculo de natureza pessoal. Seu adimplemento depende de um comportamento do devedor, seja para dar alguma coisa, seja para prestar um serviço. Importa restrição à liberdade individual, por evidente a *sujeição* do devedor ao credor, mas o *poder do credor* não se exerce sobre toda a pessoa do devedor, senão, tão somente, como adverte Savigny, sobre atos isolados seus, que devem ser concebidos como subtraídos à sua liberdade e submetidos à vontade do credor.[22] Trata-se de *sujeição específica*, necessária a que outro sujeito possa contar com a realização do ato pessoal, ou seu equivalente em dinheiro. O *poder* do credor deveria estender-se logicamente até ao sacrifício da *liberdade natural* do devedor, para constrangê-lo a satisfazer a prestação, mas a ordem jurídica não consente que chegue a esse extremo. Quando o devedor não cumpre a obrigação, sua *responsabilidade pessoal* converte-se em *responsabilidade patrimonial*, resguardando-se, por esse processo, sua liberdade individual. No *patrimônio* do devedor tem o credor a garantia do seu direito. Executando-o, por meio próprio, obterá a prestação devida ou o seu equivalente em dinheiro.[23]

O direito do credor de reclamar o cumprimento da prestação configura-se, como *pretensão* que é, na expressão de Von Tuhr, a medula do crédito. Adverte este escritor que, embora sejam confundidos teórica e praticamente os conceitos de *crédito* e *pretensão*, uma análise precisa da obrigação revela que são distintos.[24]

O crédito existe tão logo contraída a obrigação, enquanto a *pretensão* nasce no momento em que a prestação se torna exigível, isto é, quando a dívida está vencida.[25] Dirige-se contra a *pessoa* do devedor, mas a ação executória, a que correspon-

---

21 Trabucchi exemplifica com a obrigação de fazer contraída por um médico, que será de resultado se foi acordado o pagamento no caso de cura, e de meios, se empregou a diligência do bom pai de família no tratamento, sendo a cura irrelevante. Ob. cit. p. 473. As obrigações de resultado não cumpridas sujeitam o devedor a ressarcimento com aplicação dos princípios da *responsabilidade objetiva*. No campo da *prova*, distinguem-se das *obrigações de meios*, porque é o devedor que tem o ônus de provar que não cumpriu por impossibilidade objetiva. Na obrigação de meios, cabe ao credor provar que o devedor foi negligente, pois a diligência constitui e exaure o objeto mesmo da obrigação.
22 **Le droit des obligations**. p. 6.
23 DUSI. **Istituzioni di diritto civile**. v. 2, p. 4; VON TUHR. **Tratado de las obligaciones**. v. 1, p. 10.
24 VON TUHR. **Tratado de las obligaciones**. v. 1, p. 8.
25 VON TUHR. Ob. cit. p. 8.

da, visa a seu patrimônio. A exigência do credor pode ser judicial ou extrajudicial, manifestando-se como *actio* quando a *pretensão* toma aquela via.

O *direito de crédito* compreende, além da *pretensão*, outras faculdades, que se configuram como *direitos potestativos, faculdades legais* e *exceções*. Juntamente com essas faculdades os direitos creditórios estão equipados com certos *direitos auxiliares* ou direitos necessários[26] que, embora tenham existência própria, se acham ligados ao *crédito* para servir a seus fins. Alguns são, realmente, *acessórios*, como os destinados a garantir a dívida; outros, simples prolongamentos do próprio crédito, como o de exigir juros moratórios.[27] Claro é que somente os direitos de crédito se exercem através de *ações* que visam à prestação do réu. As ações prejudiciais e as ações potestativas não visam a exigir qualquer prestação, faltando-lhes *pretensão*.

Para o *devedor*, o conteúdo da *obrigação* esgota-se no *dever* de prestar, que assegura, ao credor, empenhando a sua palavra e o *patrimônio*, eis que todos os seus bens respondem pela dívida.

Conquanto a *relação obrigacional* vise à satisfação do interesse do credor, sua *extinção* não implica necessariamente a do *crédito*. Um crédito pode sobreviver à obrigação, entendida esta no sentido de vínculo jurídico entre dois sujeitos. Assim, apesar de extinto um contrato de trabalho, subsiste o crédito de salário não pago durante sua vigência.[28]

O *conteúdo* da obrigação deve ser determinado para que o devedor conheça a *extensão* do direito de crédito. Do contrário, ficaria à mercê do credor.

Posto não se confunda com o *objeto da obrigação*, a necessidade jurídica do devedor de satisfazer a prestação submete-se, sem dúvida, à influência das modificações que esta sofre no curso da relação obrigacional, especialmente as alterações quantitativas. Demais, o objeto da prestação pode ser destruído, sem culpa do devedor, que assim se libera da obrigação, e ainda recebe o seguro. Se ao devedor se atribuísse o direito de não a restituir, por ter desaparecido sem sua culpa, mas, do mesmo passo, lhe fosse dado reter a indenização, estaria tirando proveito injusto. Por isso aplica-se o princípio: *ejus est commodum cujus est periculum*, isto é, o proveito é de quem suporta o prejuízo. Configura-se, na hipótese, o *cômodo de representação*.

Quanto aos *acréscimos*, variam as soluções conforme a *qualidade da prestação*. Nas *obrigações* de dar *coisa certa*, prevalece a regra de que as vantagens acrescidas pertencem ao *credor*. Nas *obrigações genéricas* não há possibilidade de aplicação desse princípio. Nas *obrigações de fazer*, o devedor não pode escusar-se de praticar o ato ou prestar o serviço sob a alegação de que lhe é mais vantajoso indenizar o credor, mas não pode ser compelido a cumpri-la especificamente se a sua liberdade é ameaçada.

---

26   VON TUHR. Ob. cit. p. 13.
27   VON TUHR. Ob. cit. p. 12.
28   VON TUHR. Ob. cit. p. 4.

Nas relações obrigacionais complexas, o devedor contrai, ao lado da obrigação típica, obrigações secundárias que consistem na observância de certa conduta.

11. Fato jurídico. Toda relação jurídica tem como pressuposto um *fato* qualificado pela lei como hábil à produção de efeitos. Entre os homens, travam-se relações sociais, diretas ou indiretas, que se compõem de um fato e um vínculo. Se esse vínculo social se converte em *vínculo jurídico*, por ter sido atribuída força jurígena ao *fato* que lhe deu origem, a relação adquire qualidade jurídica, e, assim, qualificada pelo Direito, por ele é disciplinada. Constituem-se, pois, as relações jurídicas quando ocorrem os atos previstos no ordenamento jurídico para a sua formação.

O pressuposto da *relação obrigacional* é um *fato* que se distingue por suscitar o contato direto e imediato entre duas pessoas, as quais se convertem em sujeitos de direito.

Fato do comércio jurídico, isto é, idôneo a criar, modificar ou extinguir direitos subjetivos, pouco importando que seja *natural* ou *humano*.[29]

No comércio jurídico, os principais fatos constitutivos das obrigações consistem no intercâmbio de bens, na dação de coisas ou na prestação de serviços.[30]

É principalmente, sob a forma de *negócios jurídicos*, que tais fatos entram no campo do Direito.

Na formação das relações obrigacionais, os negócios jurídicos mais frequentes e fecundos são os *contratos*.

Ao lado desses fatos, alinham-se os que causam *dano*, entendida a palavra no seu mais amplo sentido.[31] Quem o provoca fica obrigado, por determinação legal, a indenizar o prejudicado, em alguns casos por ser culpado, em outros, por ter criado o risco, **(RA)** ou, ainda, nos demais casos especificados em lei **(RA)**.

Embora sejam diversos, estes fatos assimilam-se aos negócios jurídicos pela identidade dos efeitos jurídicos, da qual deriva a unidade do direito das obrigações (Larenz).

A obrigação terá ainda como causa geradora para alguns um *fato de produção jurídica*, isto é, uma *norma*, mas, verdadeiramente, há sempre um *fato* como elemento catalisador.

Em suma, a conversão do fato material em *fato jurídico* o integra na relação obrigacional como um de seus elementos estruturais.

O fato jurídico é a fonte da obrigação.

12. Garantia. A relação obrigacional realiza-se normalmente com a produção dos efeitos próprios, em consequência do cumprimento voluntário do dever de

---
29   PERASSI. **Introduzione alle scienze giuridiche**. p. 51.
30   LARENZ. **Derecho de obligaciones**. t. 1º, p. 14.
31   LARENZ. Ob. cit. p. 15.

prestar que gera. Mas o direito de crédito pode não encontrar satisfação na conduta do devedor. Nesta hipótese, a ordem jurídica lhe confere o direito de acionar o devedor, para obter, coativamente, a realização do crédito.

Este direito integra a relação obrigacional, embora seu exercício seja eventual. Está implícito em toda obrigação. A singularidade que apresenta nas relações patrimoniais de natureza pessoal consiste em que há de ser exercido, de modo imediato, contra a pessoa de quem diretamente depende a satisfação do titular do direito de crédito.[32] Pela *ação judicial* própria, o credor exige o cumprimento da obrigação, investindo contra o patrimônio do devedor. As *pretensões* do credor exercem-se através de *actiones in personam*. Tais pretensões podem ser cedidas ou renunciadas, mas, uma vez atendidas, o crédito se extingue. As ações para tutela do interesse do credor estão sujeitas à *prescrição*.

Exorbita do Direito Civil o estudo da *relação jurídica processual*, mas certos aspectos da proteção jurídica dos interesses do credor manifestam-se na órbita do Direito Civil, pelo que serão fixados adiante.[33] A execução coativa é um direito processual correspondente ao poder substantivo do credor, que integra relação obrigacional.

13. A Obrigação no Direito moderno. No Direito romano, a *obrigação* era vínculo estritamente pessoal. Não se permitia a transferência a terceiro do crédito ou da dívida. No Direito moderno, perde esse cunho de pessoalidade, passando a constituir muito mais uma relação entre patrimônios do que entre pessoas determinadas, no sentido de que o crédito e a dívida são francamente transmissíveis. A *obrigação* passou a ser um *valor*, impessoalizando-se de tal modo que se chega a afirmar serem o *credor* e o *devedor* simples representantes jurídicos de seus bens. Podem ser substituídos sem que o crédito ou a dívida se extingam, facilitando-se a sua circulação.

A transmissibilidade ativa e passiva da *obrigação* não significa, porém, que o moderno Direito das Obrigações é constituído sobre considerações puramente econômicas, sem intervenção de fatores psicológicos e morais.[34]

O conceito de obrigação tem dividido os civilistas. Duas correntes principais enfrentam-se, a dos pessoalistas e a dos patrimonialistas. A teoria mais representativa da primeira deve-se a Savigny, que concebeu a obrigação como um poder real do credor sobre o ato que deve ser praticado pelo devedor. Tudo se passaria como se fora um proprietário a exercer seu direito sobre esse ato. Objetam seus opositores que esse ato – a prestação do devedor – é um comportamento inseparável da sua pessoa, inconvertível em coisa para se tornar objeto de domínio. Os patrimonialistas, por sua vez, sustentam, na posição mais radical, que a obrigação

---

32 ESPÍNOLA, E. **Sistema do direito civil brasileiro**. v. 2º, t. 1º, p. 94.
33 Ver Cap. 24.
34 GAUDEMENTE. **Théorie générale des obligations**. p. 13.

é uma relação entre dois patrimônios, esquecidos, como advertiu Planiol, de que uma relação pessoal pressupõe necessariamente dois sujeitos. Patrimônio é coisa, e entre coisas não se forma uma relação jurídica.

A fragilidade dessas construções reconduz a doutrina moderna ao conceito clássico de obrigação como *vínculo pessoal*, que tem como objeto uma ação, ou omissão, do devedor, não o desacreditando o fenômeno de sua *despersonalização*, por serem indispensáveis os sujeitos, originários ou não.[35]

Releva notar, por fim, que a função de cada obrigação, sendo satisfazer o interesse do credor, não se integra, no entanto, na estrutura da relação obrigacional, embora influa no *regime* a que está subordinada, especialmente em relação a sua *causa*. Tanto assim que, se o interesse do credor deixar de existir, a obrigação extingue-se, evidente sendo que não se trata de interesse subjetivo.[36]

A noção de *atribuição patrimonial*, de procedência germânica, indica, segundo Nicolu, o resultado típico de uma atividade negocial que consiste em produzir a favor de alguém uma vantagem, um enriquecimento, ou um incremento no seu patrimônio, seja a aquisição de um direito, a liberação de uma dívida ou de uma responsabilidade, a remoção de um gravame. Chamam-se *atributivos* os contratos que produzem tais modificações patrimoniais. A noção de *atribuição patrimonial* interessa ao Direito das Obrigações para o exame da justificação causal do cumprimento da obrigação. A causa da *atribuição* pode ser: *a) solvendi; b) donandi; c) credendi*. Conquanto não seja elemento intrínseco do *negócio atributivo*, a causa serve para identificá-lo e para justificar a *atribuição*.

---

35 A respeito das doutrinas sobre o conceito de obrigação, encontram-se bons recenseamentos em ANDRADE, Manuel. **Teoria geral das obrigações**. p. 33 a 47; VARELA, Antunes. **As obrigações em geral**. p. 93 a 118; e NONATO, Orosimbo. **Curso de obrigações**. v. 1, p. 62 a 76.
36 VARELA, Antunes. **Direito das obrigações**. p. 112.

Capítulo 3

FONTES DAS OBRIGAÇÕES

> **Sumário: 14.** Observações preliminares. **15.** As fontes das obrigações no Direito romano. **16.** Classificação quadripartida. **17.** Classificação analítica. **18.** Classificação sintética. **19.** Negócio jurídico. **20.** Negócios unilaterais. **21.** Atos ilícitos e abuso de direito.

14. Observações preliminares. Do significado correto da expressão *fontes das obrigações* depende o equacionamento adequado de um problema que a doutrina se tem esforçado por resolver, transformando-o numa questão intrincada, justamente porque tem sido mal colocada.

A obrigação é uma *relação jurídica*. Como tal, sua *fonte* há de ser, necessariamente, a *lei*. Em última análise, é o *Direito* que empresta *significação jurídica* a relações de caráter pessoal e patrimonial que os homens travam na sua vida social. Se, portanto, a locução *fontes das obrigações* fosse empregada nesse sentido, a solução do problema não apresentaria qualquer dificuldade. Dever-se-ia usá-la no singular, pois se reduziria à *lei*. Mas a questão perderia o interesse, uma vez que todas as relações jurídicas, obrigacionais ou não, têm, no Direito, por definição, sua causa eficiente.

Outro é o problema. Quando se indaga a *fonte* de uma obrigação, procura-se conhecer o *fato jurídico* ao qual a lei atribui o efeito de suscitá-la. É que entre a *lei*, esquema geral e abstrato, e a *obrigação*, relação singular entre pessoas, *medeia* sempre um *fato*, ou se configura uma *situação*, considerando idôneo pelo ordenamento jurídico para determinar o *dever de prestar*. A esse *fato*, ou a essa *situação*, denomina-se *fonte* ou *causa geradora* da obrigação. Ele atua, na conceituação de Barbero,[1] como *condição determinante* da causalidade da lei na constituição da relação obrigacional.

---

[1] **Sistema istituzionale del diritto privato italiano**. t. II, p. 253. Esclarece Gaudemet: quando se fala de obrigações que têm por fonte a lei, faz-se alusão a casos nos quais, sem nenhum fato do homem, a lei cria diretamente uma obrigação, **Théorie générale des obligations** p. 20.

Nestas condições, impõe-se, em caráter preliminar, a distinção entre *fonte imediata* e *fontes mediatas* das obrigações. *Fonte imediata*, isto é, *causa eficiente* das obrigações, é unicamente a *lei*. *Fontes mediatas*, isto é, *condições determinantes* do nascimento das obrigações, são diversos *fatos* ou *situações* suscetíveis de produzirem especificadamente esse efeito. Por isso se dizem *fatos constitutivos das obrigações*.

Interessa discriminar esses *fatos constitutivos*. Tal o problema das *fontes das obrigações*.

Por não partirem da necessária distinção entre *fonte imediata* e *fontes mediatas*, alguns escritores incluem a *lei* entre estas, confundindo *condição determinante* com a *causa eficiente*, como procedeu Planiol na sua famosa tentativa de simplificação do problema. A *lei* é sempre a *causa eficiente* de toda e qualquer obrigação; jamais sua *condição determinante*. Enganam-se os que apontam-na entre as *fontes mediatas*, mesmo quando restringem-na a fato constitutivo das chamadas *obrigações ex lege*. Há sempre um fato, ou uma situação, que a lei leva em conta para que surja a obrigação.

Devem ser considerados *fontes das obrigações* unicamente esses *fatos constitutivos*.

Em resumo: todas as *obrigações* são *legais* se, por legal, se entende que, na origem de todas, como sua *causa eficiente*, se encontra a *lei;* nenhuma obrigação é legal, se como tal se entende a derivação direta da lei, sem um fato determinante.[2]

Na locução *fontes das obrigações* compreendem-se os *fatos constitutivos* do *debitum* e da *obligatio*, visto como, no Direito atual, não são elementos separados da obrigação, como eram no Direito romano, segundo Pacchioni.[3]

A *classificação* das *fontes mediatas das obrigações* tem preocupado os juristas e legisladores desde o tempo dos romanos. Todas as investigações doutrinárias partem, aliás, das fontes romanas, mas, em verdade, é questão de escassa importância prática. Decerto, há interesse em **(RA)** precisar **(RA)** o *fato determinante* da obrigação, por isso que, se é um negócio *jurídico,* cumpre verificar se foram observadas as condições essenciais à sua validade. Mas a exata determinação das fontes e, principalmente, sua sistematização constituem problemas de interesse doutrinário a que os Códigos devem conservar-se alheios. Os de inspiração alemã silenciam a respeito, adotando a orientação certa. Os de inspiração francesa, influenciados pelo Direito romano, determinam e classificam as fontes das obrigações, em preceito sem aplicação prática. O novo Código Civil italiano manteve esta orientação, seguindo, porém, a célebre classificação de Gaio, ao dispor (art. 1.173) que as obrigações derivam do contrato, do fato ilícito e de todo ato ou fato idôneo a produzi-las na conformidade do ordenamento jurídico.

O Código Civil pátrio acompanhou o Código alemão, omitindo-se.

---

2   BARBERO. Ob. cit., p. 253.
3   **Diritto civile italiano.** 2ª parte. v. 1, p. 258.

15. As fontes das obrigações no Direito romano. Entre os romanistas lavra divergência quanto à determinação das fontes das obrigações no direito clássico. Três textos são apontados, todos atribuídos a Gaio. O primeiro reza: "*Omnis obligatio vel ex contractu nascitur vel ex delicto.*" No segundo, que é um fragmento do *Digesto-44-7-1,* está declarado: "*Obligationes aut ex contractu nascuntur aut ex maleficio, aut proprio quodam jure ex varies causaram figuris.*" No terceiro, por fim, encontra-se referência a obrigações *quasi ex contractu* e *quasi ex delicto,* a propósito da tutela, *frag. 5, Digesto-44-7,* interpretadas como subcategorias das obrigações decorrentes de várias causas. A classificação que as abrange, ao lado do contrato e do delito, acha-se nas *Institutas* de Justiniano – III; 27, IV, 1.

Desde as ponderações de Savigny e Perozzi duvida-se de que esta divisão quadripartida seja genuinamente de Gaio, dividindo-se as opiniões entre a bipartição e a tripartição. Contudo, inclinam-se muitos para a opinião de que o Direito romano clássico admitia, ao lado das duas fontes fundamentais das obrigações, os contratos e os delitos, outras fontes reconhecidas *proprio quodam jure.*[4] Mas, de acordo com as *Institutas,* afirma-se que, no Direito romano, eram quatro as fontes: o *contrato,* o *delito,* o *quase contrato* e o *quase delito.* Prevaleceu, para os modernos, esta classificação, acolhida no Código Civil francês, e, sob sua influência, em outras legislações. Pothier, que a retomou, acrescentou quinta fonte: a *lei.*[5]

16. Classificação quadripartida. A classificação quadripartida tem sido criticada. Na própria França, Planiol tachou-a de superficial e artificiosa.[6] Mostram seus opositores que não abrange todas as obrigações, deixando de lado, por exemplo, as que resultam da *declaração unilateral de vontade.* A censura severa dirige-se à figura equívoca do *quase contrato,* hoje abandonada.

Ao reparo quanto à insuficiência responderam seus adeptos que o Código acrescentara a *lei* às quatro fontes, como, de modo inequívoco, procedeu o legislador italiano de 1865. Mas não a melhorou, visto que a *lei* não pode ser *fonte mediata* de obrigações.

Para eliminar as subcategorias do *quase contrato* e do *quase delito,* que perderam seu sentido no Direito contemporâneo, Planiol reduziu ao *ato jurídico* e à *lei* as diversas fontes, argumentando que as obrigações derivadas dessas figuras resultavam realmente da lei, tal como as provenientes de delito.[7] A classificação de Planiol despertou entusiasmo, mas, apesar de sua simplicidade, é hoje rejeitada, porque confunde as fontes mediatas com a fonte imediata.

A verdade é que a redução das quatro fontes a duas não obedece a critério rigorosamente científico. As críticas dirigidas à classificação simplificada revelaram a dificuldade de sistematizar em categorias plenas as diversas fontes das obrigações.

---

4   PACCHIONI. Ob. cit. p. 262.
5   **Obligations**. n. 113.
6   **Traité élémentaire de droit civil**. t. II, n. 807.
7   Ob. cit., n. 807. Entre nós, Tito Fulgêncio reduziu todas as fontes à lei.

Não se aceita mais a classificação do Código de Napoleão. A de Planiol está igualmente abandonada.

17. Classificação analítica. O Código Civil italiano em vigor, reconhecendo a impossibilidade de reduzir a algumas categorias gerais as diversas fontes das obrigações, reporta-se às fundamentais, que são o contrato e o ato ilícito, englobando as outras num grupo heterogêneo, as que consistem nos fatos idôneos a produzi-las, segundo o ordenamento jurídico. Constitui, segundo Messineo,[8] uma *categoria em branco*.

Neste grupo, acham-se compreendidas várias figuras. Não é uma solução científica, mas, ao menos, não se pode taxar de artificial a classificação. Permite, quando nada, que se discriminem os diversos fatos constitutivos. Tais são: o *contrato*, a *declaração unilateral de vontade*, os *atos coletivos*, o *pagamento indevido*, o *enriquecimento sem causa*, o *ato ilícito*, o *abuso de direito* e *certas situações de fato*. Todos são *condição determinante* do nascimento de obrigações. Afora os atos lícitos e ilícitos, enquadram-se as outras no grupo que Gaio chamou *variae causarum figurae*. A classificação analítica merece a preferência da corrente moderna da ciência civilista.[9]

18. Classificação sintética. Não obstante a dificuldade de classificar as diversas fontes das obrigações em *categorias gerais*, o problema não é insolúvel, uma vez se analisem os *fatos jurídicos* na multiplicidade de suas espécies. De tal análise, chega-se à conclusão de que há obrigações reconhecidas pela lei em razão da tutela dispensada à *autonomia privada*, enquanto outras derivam de certos fatos humanos, naturais ou materiais, a que a lei atribui essa eficácia.[10] Essa diversidade de *condições determinantes* das obrigações corresponde à classificação dos *fatos jurídicos latu sensu*. Recorde-se que tais *fatos* podem ser *naturais* ou *humanos*. Subdividem-se estes em *lícitos* e *ilícitos*. Por sua vez, os *fatos lícitos* compreendem duas categorias: a dos *negócios jurídicos* e a dos *atos jurídicos stricto sensu*.[11] Os *fatos naturais* ou *fatos jurídicos stricto sensu* são acontecimentos independentes da vontade humana ou simples fatos materiais dotados de potencialidade jurídica. De todos esses fatos jurídicos a lei faz derivar obrigações. Esgotam, obviamente, as condições que determinam ou provocam seu nascimento. Uns são *voluntários*; os outros, *involuntários*. Pertencem à categoria dos *fatos jurídicos voluntários*: os negócios jurídicos, os atos *jurídicos stricto sensu* e os atos *ilícitos*. São involuntários os outros.

A distinção baseada na *voluntariedade* dos fatos não influi decisivamente na classificação das fontes das obrigações. O que importa, para esse fim, é isolar entre os *fatos voluntários* os que se destinam a produzir efeitos jurídicos, conforme o in-

---

8   **Manuale di diritto civile e commerciale.** v. 2º, p. 241.
9   PACCHIONI. **Obbligazioni e contratti.** p. 3.
10 Cf. PACCHIONI. Ob. cit. p. 269.
11 Consultar, do autor: **Transformações gerais do direito das obrigações.**

tento do emitente da declaração de vontade. Constituem categoria autônoma e homogênea na produção de obrigações a que se dá tratamento jurídico especial ao se exigir, como pressuposto de sua validade, a capacidade de quem os pratica. Quanto aos outros, embora voluntários, não exigem esse requisito, nem se realizam para que a lei tutele a atividade volitiva, determinando a produção dos efeitos perseguidos. Como fatos constitutivos de obrigação nivelam-se aos *fatos involuntários*. Não os toma a lei para lhes atribuir eficácia conforme a vontade manifestada, ou, mais precisamente, o *intento* visado, mas os considera, como anota Pacchioni, em sua materialidade objetiva, sem se preocupar, quando são voluntários, se o agente quis o efeito jurídico legalmente predeterminado ou, particularizando, se quis a obrigação dele resultante.

Nesta linha de pensamento, as *fontes das obrigações* dividem-se em duas categorias:

a) os *negócios jurídicos*;

b) os *atos jurídicos* não negociais.[12]

Na primeira categoria estão os *contratos,* os *negócios unilaterais*, as *promessas unilaterais* e os *atos coletivos.* Na segunda, os *atos jurídicos stricto sensu,* os *atos ilícitos,* o *abuso de direito,* os *acontecimentos naturais,* os *fatos materiais*, as *situações especiais* que, por sua natureza, se qualificam como fatos constitutivos de obrigações. Entre os chamados *fatos materiais* encontram-se os que se revelam, por exemplo, pela proximidade de duas coisas, como é o fato da vizinhança. Entre as *situações especiais*, aquela em que alguém se encontra por ter parentesco próximo com outra pessoa.

São, realmente, fontes diversas, que não devem ser reduzidas à categoria única, embora assim se simplificasse o problema. Dir-se-ia que a lei é a *fonte imediata*, e o fato jurídico, a *fonte mediata,* mas perderiam todo o interesse a discriminação e a classificação. A diversificação impõe-se para *melhor frisar* a diferença de tratamento dispensado pela lei às duas categorias gerais. Quando a obrigação provém de um *negócio jurídico,* há de corresponder à vontade do devedor. Quando provocada por ato ou fato não negocial, produz-se, em alguns casos, ao arrepio da vontade do obrigado, por estar predeterminada, invariavelmente, na lei. A certo fato responde *a fortiori* certa obrigação. Uma vez que a obrigação oriunda de *negócio jurídico* é desejada pela parte que a contrai espontaneamente, autolimitando sua liberdade individual, só as pessoas capazes podem assumi-la, pois exigem declaração de vontade válida. Quando independe de declaração, o requisito da capacidade não se exige, posto não possa nascer para certos incapazes, como nas provenientes de ato ilícito.

12　Larenz distingue as obrigações derivadas dos negócios jurídicos das que derivam de supostos de fato legalmente regulados, advertindo que, entre estes últimos, ocupam posto especial os originados do enriquecimento injusto e dos atos ilícitos. **Derecho de obligaciones**. t. II, p. 4.

19. Negócio jurídico. Os negócios jurídicos constituem a mais abundante fonte de obrigações.[13] Quer *bilaterais*, quer *unilaterais*, geram-nas. Na constituição das obrigações oriundas desses *negócios*, a capacidade do obrigado tem a marca de um traço distintivo da categoria, mas a singularidade propriamente dita dessa fonte de obrigações reside no caráter eminentemente voluntarista dos atos que compreende. A obrigação proveniente de *negócio jurídico* é querida pelo obrigado. Ele a contrai intencionalmente, agindo na esfera de sua *autonomia privada*. Ao provocá-la, escolhe livremente o tipo que a lei lhe oferece para obter a tutela do seu interesse. Pelos negócios jurídicos não se criam apenas *direitos*, mas, também, *obrigações*. As mais das vezes, para adquirir determinado direito, assume o indivíduo correlata obrigação. Outras vezes, obriga-se por simples declaração de sua vontade, sem que seja imediatamente necessária a existência da outra parte da relação obrigacional. Mas, em todos os casos, comprometendo-se a uma prestação a ser satisfeita como, onde e quando lhe convenha, por determinação própria ou de acordo com a pessoa para a qual se obriga. É, em suma, *essa liberdade de obrigar-se*, aspecto particular do *princípio da autonomia da vontade*, que distingue os *negócios jurídicos* como uma categoria especial de *fatos constitutivos das obrigações*. Esse princípio não vigora na criação das obrigações cuja *condição determinante* não é um *negócio jurídico*.

Os *fatos constitutivos* de obrigações negociais são: *a*) os *contratos;* *b*) os *atos coletivos;* *c*) os *negócio*s unilaterais; *d*) a *promessa unilateral*.

Os mais importantes são, inquestionavelmente, os *contratos*. Constituem a fonte por excelência das obrigações. Seu estudo, objeto da *parte especial* do *Direito das Obrigações*, abrange a exposição dos princípios gerais que os disciplinam e o exame dos tipos definidos na lei. Não seria possível, mesmo em apertada síntese, tratá-los neste capítulo.[14]

Registram-se também, como *negócios jurídicos* constituídos pelo *concurso de vontade*, certos *atos* que, na conformidade de nova sistematização, exorbitam da categoria dos *contratos*, tais como o *ato-condição e o ato-coletivo*. Em princípio, disciplinam-se, porém, pelas normas do *Direito contratual*.

20. Negócios unilaterais. Como *fonte de obrigações*, os *negócios unilaterais* têm menor importância do que os *contratos*, mas, apesar de não constituírem frequente fato condicionante do dever de prestar, o negócio unilateral inclui-se entre os fatos constitutivos de obrigações, como acontece, por exemplo, com o *testamento*.

---

13 BETTI. **El negocio jurídico**; CARIOTA, L. Ferrara. **Negozio giuridico**; STOLFI. **Teoria del negozio giuridico**; SCOGNAMIGLIO. **Contributo alla teoria del negozio giuridico**; SCIALOJA. **Negozi giuridici**; FERRANTE. **Negozio giuridico**; GRASSETTI. **Relevanza dell'intento giuridico**; CASTRO Y BRAVO. **El negocio jurídico**; ALBALADEJO. **El negocio jurídico**; SUAREZ. **El negocio jurídico en derecho romano**; ALARÇÃO, Rui de. **Do negócio jurídico**; BALLESTEROS. **El negocio jurídico**; SERRAMALERA. **El negocio jurídico**; AZEVEDO, A. J. **Negócio jurídico**.
14 Ver, do autor, **Contratos**. Rio de Janeiro: Forense.

Desta categoria, salientam-se as *promessas unilaterais*. O Direito atual reconhece a possibilidade de alguém se obrigar por simples declaração de vontade, independentemente do concurso de outra pessoa. Em consequência, a *declaração unilateral de vontade* passou a ser considerada fonte de obrigações.

(RA) O novo texto do Código Civil preferiu a denominação de *atos unilaterais*, em vez de *declaração unilateral de vontade*, excluindo do seu bojo os títulos ao portador e incluindo a *gestão de negócios, o pagamento indevido e o enriquecimento sem causa*. Não se deveria, porém, incluir como atos unilaterais *situações* do tipo *pagamento indevido e enriquecimento sem causa*. O Código Civil português de 1966, acertadamente, dá a essas *situações* a categoria de fontes autônomas de obrigações **(RA)**.

21. Atos ilícitos e abuso de direito. A matéria constitui um dos mais importantes capítulos do Direito Civil. A *teoria da responsabilidade civil*, a que se tem dado largo desenvolvimento, estuda precisamente as *obrigações provenientes de atos ilícitos*. Embora não tenham conteúdo diverso de outras obrigações oriundas de fontes diversas, reduzindo-se praticamente, sob esse aspecto, *ao dever de indenizar*, seu exame deve proceder-se com maior profundidade devido pelo relevo doutrinário e interesse prático da matéria. Neste parágrafo, basta assinalar que o *delito civil* é um dos atos mais prolíficos de obrigações. A lei impõe aos que o cometem a obrigação típica de reparar o dano que causa.

A *teoria da responsabilidade civil*. O *ato ilícito* não será estudado simples e unicamente na sua função de *fonte de obrigações*.

Nessa exposição, hão de incluir-se algumas notas a respeito do *abuso de direito*. Apesar da dificuldade de sua caracterização e das vacilações a propósito de sua configuração como instituto, a verdade é que o exercício anormal de um direito pode criar para o prejudicado uma pretensão contra quem praticou o ato abusivo, ficando este obrigado a indenizar o dano causado ou a abster-se da prática do ato abusivo. O *abuso de direito* constitui, desse modo, causa geradora de obrigações, ao lado dos *ato*s ilícitos, com os quais não se confunde, mas dos quais se aproxima pela similitude dos efeitos.

(RA) O novo texto do Código Civil acolhe expressamente o instituto, enquadrando-o, equivocadamente, como ato ilícito (ver item 39, *infra*) ao dispor, no seu art. 187, que também comete ato ilícito o titular de um direito que, ao exercê-lo, excede manifestamente os limites impostos pelo seu fim econômico ou social, pela boa-fé ou pelos bons costumes. Adiante será lembrado que requisito do ato ilícito é a *culpa*. Ora, a formulação do dispositivo do Código, acima mencionado, ao utilizar as palavras *"também comete"*, é equivocada porque, ao mesmo tempo, rejeita o *animus nocendi* como elemento decisivo para a categorização do *abuso de direito* e adota a expressão *"excede manifestamente"*, isto porque esta caracteriza um elemento objetivo, dispensando, assim, o apelo à *culpa* **(RA)**.

Capítulo 4

OBJETO DA OBRIGAÇÃO

Sumário: 22. Objeto da prestação. Requisitos. **23.** Prestação possível. **24.** Prestação lícita. **25.** Prestação determinável. **26.** Espécies. **27.** Prestações positivas. **28.** Prestações negativas. **29.** Prestações instantâneas e contínuas. **30.** Prestações simples e complexas.

22. Objeto da prestação. Requisitos. São três os modos da conduta humana que podem constituir objeto da *prestação: dar, fazer* ou *não fazer*.[1] Mas, para que o ato, ou a omissão, tenha este significado precisa reunir pressupostos e *requisitos* exigidos em lei, para sua existência e validade.

A *prestação* deve ser *possível, lícita* e *determinável.*

23. Prestação possível. A regra *ad impossibilia nemo tenetur* esclarece suficientemente o requisito da *possibilidade*. Se o comportamento do devedor é impossível, falta objeto à obrigação.

Importa, no entanto, distinguir as diversas espécies de *impossibilidade.*

Pode ser:

a) *originária* ou *superveniente;*

b) *objetiva* ou *subjetiva;*

c) *total* ou *parcial*.

Impossibilidade originária é a existente ao tempo em que se constitui a obrigação. Diz-se *superveniente* quando surge depois de formado o vínculo. Só a *impossibilidade originária* priva a obrigação do objeto. A que sobrevém modifica, ou extingue, o vínculo obrigacional.

A impossibilidade originária não impede sempre que a relação se constitua validamente. Uma prestação inicialmente impossível pode se tornar possível antes

---

1   STERN. Obbligazione civile. In: **Nuovo digesto italiano**.

do implemento de condição suspensiva a que esteja subordinada a obrigação. Também não a estorva a *impossibilidade temporária*.

Numa obrigação a prazo ou sob condição, se a prestação se tornar impossível, o vínculo será ineficaz, mas a ineficácia não se atribui à impossibilidade do objeto. Por outro lado, a impossibilidade originária não inutiliza a constituição da relação obrigacional se seu objeto é prestação futura, de execução provável.

Impossibilidade objetiva é a que existe para todos; *subjetiva*, a que diz respeito apenas a quem se quis obrigar. Pondera Larenz que seria mais apropriado falar de *inaptidão* ou *incapacidade*. A *impossibilidade subjetiva* não priva a obrigação de seu objeto; dificulta o cumprimento. A prestação subjetivamente impossível converte-se em outra de natureza especial. Assim, se prometo fazer o que não posso, respondo por perdas e danos. Ao contrário da impossibilidade subjetiva, a impossibilidade objetiva constitui obstáculo à validade da relação. Diz-se, nesse caso, que a obrigação é nula por ter objeto impossível.

Não se justifica a distinção entre *impossibilidade objetiva* e *absoluta*. São a mesma coisa. Do mesmo modo, a *impossibilidade subjetiva* é sinônima de *impossibilidade relativa*.

Quando a prestação é totalmente impossível, a obrigação não nasce; mas, se a impossibilidade é parcial, não determina necessariamente a invalidade da relação, porquanto a parte possível pode ser útil ao credor.

A distinção entre *impossibilidade física* e *jurídica* carece de relevância, por idênticos os efeitos.

Pelo visto, o requisito da possibilidade da prestação só não se atende quando a impossibilidade é *originária, objetiva* e *total*.

24. Prestação lícita. Seria supérflua a exigência desse requisito, se não devesse ser considerada a prestação em si mesma. Há, com efeito, *obrigações ilícitas* pela sua *causa* que, não obstante, têm como objeto *prestações lícitas*. Nesses casos, a invalidade da relação obrigacional não decorre do fato de ser ilícita a prestação. Assim, no pacto sucessório, a prestação não é contrária à lei; a ilicitude reside na causa.[2] Importa, pois, ter em mente que o requisito da licitude deve ser examinado em relação à própria *prestação*, inquirindo-se sobre o que é devido.

A *prestação* é *ilícita* quando em si contraria a ordem pública, os bons costumes, ou normas imperativas.

Não é preciso que constitua delito. Basta infringir proibições particulares, que não precisam ser expressas, resultando, não raro, de dedução do sistema legal. São, por assim dizer, *proibições virtuais*. Sua elasticidade encontra reforço nos conceitos de ordem pública e bons costumes.[3]

---

2   TRABUCCHI. **Istituzioni di diritto civile**. p. 478.
3   Ver, do autor, **Contratos**. n. 14.

Cumpre distinguir a *prestação ilícita* da *prestação juridicamente impossível*. Uma e outra podem ser contrárias à lei, mas a prestação é impossível, do ponto de vista jurídico, quando a lei simplesmente não a admite, e ilícita se, além de inadmissível, constitui ato punível.[4]

25. Prestação determinável. A prestação deve ser *determinada* ou, ao menos, *determinável*.

Nas *obrigações de dar coisa certa (certum corpus)*, a individualização do objeto dá-se ao ser contraída. Sabe-se, precisamente, qual o objeto da prestação, como é o caso da venda de certa coisa; o vendedor só se obriga entregando o bem individualizado.

Não é necessário, porém, que o objeto da prestação seja determinado desde o início. Basta a indicação dos elementos necessários à sua determinação no momento em que deve ser cumprida. Diz-se, nesse caso, que é *determinável* ou determinada pelos caracteres comuns a outros bens, vale dizer, pelo *gênero*. Por isso chama-se *obrigação genérica* aquela cujo objeto consiste na dação de coisa indicada pelo gênero. O grau de indeterminação é, porém, mais forte nas que não têm por objeto *coisas fungíveis*, mas, não obstante, é impossível fixar, desde o começo, a quanto montará o pagamento.

Em regra, as *prestações determináveis* compreendem os bens que podem ser substituídos por outro da mesma espécie, qualidade e quantidade, isto é, suscetíveis de serem pesados, medidos ou contados. Contudo, *bens fungíveis* podem constituir, pela vontade das partes, objeto de prestação determinada, como se verifica com a compra de gravatas expostas numa vitrina. Do mesmo modo, *coisas não fungíveis* são suscetíveis de servir como objeto de prestação determinável, como ocorre se o devedor se obriga a entregar três quadros de um pintor.[5]

Entre as *prestações determináveis* incluem-se as que têm como objeto coisas de *gênero limitado*, que se determinam entre algumas de número e caracteres certos, como, *v.g.*, a prestação de entregar uma rês de determinada raça, integrante de certo rebanho.[6]

A prestação de *obrigação genérica* deve ser individualizada para ser cumprida. O cumprimento da obrigação efetiva-se, por outras palavras, após a individualização. A passagem da indeterminação relativa para a determinação chama-se *concentração do débito*. Uma vez concentrada a prestação, a *obrigação genérica* converte-se em *obrigação específica*. Feita a escolha, que compete normalmente ao devedor, aplicam-se as regras atinentes às *obrigações de dar coisa certa*. Em-

---

4 TRABUCCHI. Ob. cit., p. 479, que dá o seguinte exemplo: no primeiro caso, a alienação do Fórum romano; no segundo, de um pacote de notas falsas.
5 VON TUHR. **Tratado de las obligaciones**. t. I, p. 42; LARENZ. **Derecho de obligaciones**. t. I, p. 162; Cód. Civil, **(RA)** art. 244 **(RA)**.
6 LARENZ. Ob. cit. p. 165.

bora a coisa seja fungível por sua própria natureza, não pode mais ser substituída, passando a constituir objeto de prestação determinada.

A determinação pode depender não somente da escolha do devedor, mas, também, de terceiro, que proceda como árbitro, ou de circunstâncias, como, por exemplo, a prioridade estabelecida pelo nascimento de crias.

O devedor de *prestação determinável* pode dar qualquer coisa do gênero, mas não lhe é lícito escolher a pior, nem está obrigado a prestar a melhor.

Embora a prestação determinável se determine com a *concentração do débito*, o perecimento da coisa separada para cumprimento da obrigação carece de relevância, por isso que não exime o devedor de prestar outra. Não há impossibilidade, porque o gênero não perece. Assim, antes da escolha, não pode alegar perda ou deterioração da coisa, por força maior ou caso fortuito. Mas, em casos excepcionais, o cumprimento da obrigação se torna impossível com a destruição involuntária dos bens, como aconteceria se fosse prometida coisa que não mais se fabricasse. Nesses casos, estará exonerado por impossibilidade da prestação.

26. Espécies. As *prestações* classificam-se de harmonia com diversos critérios, mediante os quais se enquadram em categorias reguladas por normas diferentes. A diversidade de regime legal justifica a importância prática das classificações admitidas.

Consideradas em seu *objeto*, dividem-se em *prestações positivas* e *negativas*. Pertencem à categoria das *positivas* as prestações de *dar* e de *fazer*. As *negativas* compreendem as de *não fazer*.

As *prestações de dar* subdividem-se em *prestações de dar coisa certa* e de *dar coisa incerta*, constituindo estas o objeto das *obrigações genéricas*. As obrigações de dar compreendem as de entregar e de restituir a coisa **(RA)**, merecendo destaque certas prestações desse gênero, de que são exemplos aquelas, referidas no item 31 *infra*, onde se inclui o objeto da *obrigação de indenizar* **(RA)**.

As *prestações de fazer* podem consistir na prática de um ato estritamente pessoal ou exequível por outra pessoa. Estas são designadas pela expressão *prestações fungíveis*, que não tem muita propriedade; as outras seriam *não fungíveis*.

Encaradas pelo *modo de execução*, classificam-se em *prestaç*ões instantâneas e *contínuas*.

Tendo-se em vista a sua *composição*, dividem-se em *prestações únicas* e *múltiplas*. As prestações múltiplas são objeto das *obrigações cumulativas* e *alternativas*.

Analisadas sob o aspecto da atividade do devedor, são *simples* ou *complexas*.

Nas prestações de coisas, importa distinguir as que têm por objeto a entrega de coisa existente ou atual e a de coisa futura.

27. Prestações positivas. São *positivas* as prestações consistentes em um ou vários atos do devedor.

Subdividem-se em *prestações de coisas* e *prestações de fatos*. Constituem objeto, respectivamente, das *obrigações de dar* e *de fazer*.

As *prestações de coisas* consistem na entrega de um bem, seja para lhe transferir a propriedade, seja para lhe ceder a posse, seja para restituí-la. O contrato de compra e venda origina para o vendedor a obrigação de transmitir o domínio da coisa vendida, que cumpre entregando-a ao comprador pela forma da tradição. O contrato de locação gera, para o locador, a obrigação de ceder o uso da coisa, mediante a transmissão de sua posse. O contrato de comodato dá nascimento à obrigação de devolver a coisa recebida por empréstimo. As obrigações oriundas desses contratos, nomeados a título de ilustração, têm como objeto *prestações de coisas*.

Na prestação de dar *stricto sensu*, o devedor transfere, pela tradição, a propriedade de uma coisa; na de entregar, proporciona o uso ou o gozo da coisa; na de restituir, devolve a coisa que recebeu do credor. A distinção é importante, como pondera Antunes Varela,[7] porque a possibilidade de busca e apreensão para entrega pelo juiz, ao credor, só tem cabimento se a prestação é de entregar ou restituir.

As *prestações de fatos* consistem em atividade pessoal do devedor. O contrato de trabalho produz obrigação que tem como objeto a execução de serviços. Tal obrigação é de *fazer*.

Nem sempre as obrigações são exclusivamente de *dar* ou de *fazer*. Não raro, misturam-se prestações de coisas e de fatos, classificando-se a obrigação, nesses casos, pela predominância de uma sobre a outra. No contrato de empreitada, a atividade pessoal do empreiteiro pode ser menos importante do que o fornecimento de materiais, predominando, nesta hipótese, a prestação de coisas, a ponto de ser equiparado à compra e venda. Já a empreitada de valor consubstancia prestação de fatos.

A distinção entre as *obrigações de dar* e as *de fazer* deve ser traçada em vista do interesse do credor, porquanto as prestações de coisas supõem certa atividade pessoal do devedor e muitas prestações de fatos exigem dação. Nas *obrigações de dar*, o que interessa ao credor é a coisa que lhe deve ser entregue, pouco lhe importando a atividade do devedor para realizar a entrega. Nas *obrigações de fazer*, ao contrário, o fim é o aproveitamento do serviço contratado. Se assim não fosse, toda obrigação de dar seria de fazer, e *vice-versa*.

Interessa distinguir as *prestações de coisas* das *prestações de fatos*. Importa a distinção principalmente quanto aos limites do poder do credor, à possibilidade de cumprimento da obrigação por terceiro e à sua transmissibilidade por sucessão hereditária.[8]

---

7 **Direito das obrigações**. p. 76. A prestação pode consistir na entrega de uma coisa já pertencente ao credor; de coisa que passa a lhe pertencer; de coisa que continua a pertencer ao devedor; de coisa que é restituída, em outras palavras. A prestação de coisa que passará a pertencer ao credor só admite execução coativa sob forma específica (adjudicação compulsória) na promessa irretratável de venda devidamente registrada.

8 VON TUHR. Ob. cit. p. 35.

De referência à extensão do poder do credor, não se lhe permite exigir que a prestação de fato seja satisfeita coativamente na forma específica se, para tanto, há que sacrificar a liberdade ou outros direitos personalíssimos do devedor. Para esses casos, vigora plenamente a regra *nemo precise cogi potest ad factum*. A *obrigação de fazer* converte-se em *obrigação de dar*, satisfazendo-se a prestação com o pagamento de perdas e danos, se não for das que por outrem podem ser cumpridas, à custa do devedor. O poder do credor nas obrigações de dar é mais extenso, não se detendo, sequer, diante da insolvência do devedor.

Quanto à possibilidade de cumprimento da obrigação por intermédio de terceiro, existe normalmente se a prestação é de coisas. Ao credor não interessa que o bem seja entregue pelo devedor ou por outrem. Nas obrigações de fazer ocorre, de regra, o contrário. Importa ao credor que a atividade seja desenvolvida pelo devedor, pois que contratou em consideração à pessoa deste, isto é, *intuitu personae*. Assim, contudo, não é sempre. Outras vezes interessa-lhe, apenas, o serviço. Neste caso, a prestação pode ser satisfeita por terceiro, seja porque admitida essa possibilidade, seja porque é a forma de execução mais útil.

Por fim, somente as obrigações de dar se transmitem por sucessão hereditária.

As *prestações de coisas* podem ser *determinadas* ou *determináveis*. No primeiro caso, a obrigação é *de dar coisa certa*. No outro, *de dar coisa incerta*.

Aplicam-se-lhes regras distintas. Nas *obrigações de dar coisa certa*, o credor não pode ser constrangido a receber outra. A prestação só se satisfaz com a entrega do corpo certo, individualizado ao ser contraída a obrigação.

Em consequência, vigoram, em caso de perda ou deterioração da coisa, as seguintes normas:

1ª) se a coisa se perder, *sem culpa do devedor*, a obrigação fica resolvida para ambas as partes;

2ª) se a coisa se deteriorar, *sem culpa do devedor*, abre-se para o credor a alternativa de resolver a obrigação ou aceitar a coisa, abatido do seu preço o valor que perder;

3ª) se a coisa se perder, *sendo culpado o devedor,* responde este pelo equivalente, mais as perdas e danos;

4ª) se a coisa se deteriorar, *sendo culpado o devedor,* o credor pode exigir o equivalente acrescido de perdas e danos ou aceitar a coisa no estado em que se encontra, mais a indenização dos prejuízos.

Regras especiais regulam as obrigações que têm por objeto a *restituição* de uma coisa. Em caso de perda, sem culpa do devedor, o credor a sofrerá, e, em havendo culpa, o devedor responde pelo equivalente, mais perdas e danos. Em caso de deterioração, sem culpa do devedor, o credor deve recebê-la tal qual se ache; mas, se o devedor for culpado, o credor pode exigir o equivalente ou aceitar a coisa no estado em que se ache, com direito a reclamar, em um ou em outro caso, perdas e danos.

Nas *obrigações de dar coisa incerta,* da espécie das *genéricas,* o devedor não pode, antes da escolha, alegar perda ou deterioração da coisa, ainda que por força maior ou caso fortuito. Mas, feita a escolha, a obrigação passa a se reger pelas normas próprias das obrigações de dar coisa certa. A prestação pode ser de coisa futura, isto é, que ainda não tenha existência no momento em que a obrigação é contraída, mesmo que haja apenas a possibilidade de que venham a existir.

A *prestação de fatos* pode ser personalíssima, ou não. Para exprimir a natureza pessoal ou impessoal do serviço contratado, fala-se em *fatos fungíveis* e *não fungíveis*. Mas até o serviço que pode ser prestado por outrem que não o devedor comporta a restrição contratual de que por este o seja. A rigor é personalíssimo sempre que deva ser executado somente pelo devedor, porque depende de suas qualidades pessoais. Admite-se, em certos casos, que, sob sua direção e responsabilidade, outras pessoas o auxiliem.

Cumpre distinguir as prestações sob o ponto de vista da possibilidade de serem satisfeitas ou não por terceiro. As regras são diversas. Quando estipulado que o devedor preste o fato *pessoalmente,* o credor não é obrigado a aceitar de outrem a prestação. Se resulta do contrato, independentemente de cláusula expressa de que deve ser prestado exclusivamente pelo devedor, como a pintura de um quadro, por artista de fama, a obrigação é, do mesmo modo, personalíssima; mas, se o fato pode ser cumprido por terceiro, o credor, em caso de recusa, pode mandá-lo executar à custa do devedor. A prestação também pode ser satisfeita ainda por outrem, consentindo o credor. Nos casos de impossibilidade superveniente, aplicam-se as seguintes regras:

1ª) não havendo culpa do devedor, resolve-se a obrigação;

2ª) sendo culpado o devedor, responde por perdas e danos.

A responsabilidade do devedor por perdas e danos ocorre ainda quando se recusa a satisfazer prestação a ele só imposta, ou só por ele exequível, e quando o credor, embora possa mandar executar o serviço por terceiro, prefere pedir indenização.[9]

(RA) O novo texto do Código Civil estabelece a possibilidade de o credor, em caso de urgência, executar ou mandar executar o fato, independentemente da autorização judicial, com direito a posterior ressarcimento **(RA)**.

O fato, que constitua o objeto da prestação, pode ser de terceiro, como, por exemplo, o consentimento da esposa, mas o promitente responde se este não cumpre, eis que o contrato não obriga a quem não for parte.

28. Prestações negativas. As *prestações negativas* constituem objeto das *obrigações de não fazer.*

Menos frequentes do que as prestações positivas, podem ter como objeto abstenções economicamente importantes, que lhes emprestam relevo na vida jurídica,

---

9   VON TUHR. Ob. cit. p. 43.

como, dentre outras, a proibição de concorrência, o impedimento de alienar determinado bem, algumas limitações ao exercício do direito de propriedade.

A *obrigação de não fazer* tem por fim impedir que o devedor pratique ato que teria o direito de realizar se não tivesse se obrigado a abster-se. Importa autor-restrição mais enérgica à liberdade pessoal, admitindo-se que não valem as que ultrapassam as fronteiras da liberdade jurídica.

A *prestação negativa* pode consistir numa *abstenção* ou num *ato de tolerância*. A rigor, a obrigação de não fazer exige do devedor uma *omissão*, compreendendo-se nesta a *tolerância*, entendida como abstenção de resistência ou oposição a que estaria autorizado, se a obrigação não proibisse.[10]

Enquadram-se entre as *prestações negativas*, para alguns, as que têm por objeto determinada *permissão*. Considera-se esta como uma das modalidades da tolerância, admitindo-se, em consequência, como obrigações negativas as que encerram os *deveres permissivos,* a que se refere Von Tuhr.[11]

Ao contrário das prestações positivas, que somente se satisfazem mediante ato específico do devedor, as *prestações negativas* caracterizam-se pela conduta omissiva, de modo que o inadimplemento da obrigação se evidencia na prática do ato proibido.

Como, porém, a abstenção pode tornar-se impossível sem culpa do devedor, entende-se que, nesse caso, a obrigação se extingue.

Se o devedor praticar o ato, pode ser compelido a desfazê-lo, sob pena de se desfazer à sua custa, e indenizar as perdas e danos.

A *prestação negativa* resulta do contrato, da sentença, ou da lei.

29. Prestações instantâneas e contínuas. Dizem-se *instantâneas* as prestações que se realizam de uma só vez, em determinado momento, como a entrega de uma coisa.

Contínuas, as prestações cuja execução compreende uma série de atos ou abstenções. Observa Von Tuhr[12] que, rigorosamente, só as prestações negativas poderiam ser contínuas, pois toda conduta positiva se decompõe em uma série de atos isolados no tempo; contudo, o conceito de continuidade não se refere aos atos materiais, de modo que, se os diversos atos podem ser interpretados como conduta única, a prestação é contínua.[13]

Dentre as *prestações contínuas* salientam-se as que se caracterizam pela prática de atos reiterados, periódicos ou não. Nas relações obrigacionais que os exi-

---

10 VON TUHR. **Tratado de las obligaciones**. t. I, p. 37. É o caso do proprietário que se obriga para com o vizinho a não impedir que deite goteiras sobre o seu terreno.
11 Ob. cit. t. I, p. 37. A essa obrigação alude o Código de Processo Civil, art. 287.
12 **Tratado de las obligaciones**. t. I, p. 37.
13 Como exemplo de prestação contínua, Von Tuhr invoca a que constitui objeto de contrato do trabalho, na obrigação que gera para o empregado.

gem, a obrigação é única, mas concorrem vários créditos, cada qual com a sua própria prestação.[14]

Quando a obrigação se desdobra em prestações repetidas, o contrato de que se origina denomina-se *contrato de execução continuada* ou de *trato sucessivo*, sujeito a regras particulares.[15]

As *prestações instantâneas* são também chamadas *prestações transitórias*[16] ou *prestações isoladas*.[17] Usando-se essa terminologia, as *prestações contínuas* podem ser denominadas *permanentes* ou *duradouras*.

30. Prestações simples e complexas. Há prestações destinadas à produção de efeito único, como, por exemplo, o pagamento de uma dívida contraída por empréstimo. São as *prestações simples*. Na sua caracterização, o número de atos praticados pelo devedor não tem importância. A simplicidade decorre da *unidade de efeito*. Quando, porém, a atividade do devedor se desenvolve mediante diversas ações, cada qual com efeito distinto, a prestação é *complexa*.

Não é de se confundir a *prestação complexa* com a *pluralidade de prestações*. Esclarece Windscheid que a prestação complexa consta de uma pluralidade de prestações, mas essa pluralidade é concebida como uma unidade sob o ponto de vista de conexão.[18] Assim, é complexa a prestação das partes do contrato de sociedade.

Conquanto as prestações singulares constitutivas de uma *prestação complexa* não possam ser juridicamente isoladas, a fim de que não se desate o vínculo de conexão, são eventualmente consideradas: *a*) partes constitutivas de uma prestação; *b*) prestações singulares e, ao mesmo tempo, objeto, por si mesmas, do direito de crédito.[19]

---

14 VON TUHR. Ob. cit. p. 38.
15 **Contratos**, do autor, **(RA)** Item 60 **(RA)**.
16 SAVIGNY. **Obligazioni**, I, 302; Windscheid, **Pandectes**, IV, 11.
17 VON TUHR. Ob. cit. p. 37.
18 **Pandectes**, IV, 11.
19 WINDSCHEID. Ob. cit. p. 12.

Capítulo 5

PRESTAÇÕES ESPECIAIS (RA): A DÍVIDA DE INDENIZAÇÃO (RA)

> **Sumário: 31.** Prestações especiais. **32.** Prestação pecuniária. **33.** Dívidas de valor. **34.** Prestação de indenização. **35.** Princípios a que se subordina. **36.** Prestação de juros.

31. Prestações especiais. Posto que a entrega ou restituição de uma coisa seja o objeto das *obrigações de dar*, há prestações desse gênero que merecem consideração especial, devido a importantes particularidades. São as prestações consistentes em dinheiro, reparação de danos e pagamentos de juros, todas de curso frequente e ponderável interesse no comércio jurídico.

Constituem, respectivamente, objeto de:

a) *dívida pecuniária;*
b) *dívida de indenização;*
c) *dívida de interesses.*

32. Prestação pecuniária. As obrigações que têm como objeto prestação de *dinheiro* são as mais comuns e de maior interesse para a vida econômica. A seu conteúdo falta, porém, uniformidade. Antes de examinar suas várias modalidades, impõem-se brevíssimas indicações sobre sua natureza.

(RA) Esta prestação integra-se com a *prestação de indenização*, porque a *obrigação de indenizar* é uma dessas suas modalidades, na hipótese em que pode ser cumprida, também, mediante o objeto da *prestação pecuniária,* além de sê-lo, às vezes, mediante o objeto de uma *dívida de valor,* tal como se demonstrará *infra* **(RA)**.

Na teoria das *obrigações pecuniárias,* é de grande interesse distinguir os diversos sentidos da expressão *valor da moeda.*

Apontam-se os seguintes: 1. *valor nominal*; 2. *valor intrínseco*; 3. *valor de troca*; 4. *valor corrente.*[1]

---

[1] NUSSBAUM. **Teoria juridica del dinero**; ASCARELLI. **Studi giuridici sulla moneta**; TRIGO REPRESAS. **Obligaciones de dinero y depreciación monetaria.**

Valor nominal ou extrínseco é o que se acha impresso na cédula ou na peça.

Valor intrínseco, também denominado metálico, é o da moeda em função da qualidade e do peso do metal em que é cunhada. Pode ser inferior ou superior ao valor nominal.

Valor de troca é o que se traduz no *poder aquisitivo* da moeda, na quantidade de bens que se podem adquirir com certa porção de dinheiro.

Valor corrente, o de certa moeda em relação a outra; como do cruzeiro confrontado ao dólar.

Para efeitos jurídicos (compra de bens, pagamento de serviços, ressarcimento de danos, liquidação de interesses), *o valor nominal* é o que mais importa, porque imposto em lei na espécie monetária do país é, na sua expressão, que se cumprem as obrigações pecuniárias, e se avaliam os bens.

Em Direito, distinguem-se dois conceitos de *dinheiro*. No sentido lato, é meio de pagamento, compreendendo os que não podem ser impostos ao credor porque não têm curso forçado; no sentido restrito, meio de pagamento que tem de ser obrigatoriamente aceito.[2] Somente o dinheiro neste sentido constitui objeto de *prestação pecuniária* propriamente dita. No outro, o cumprimento da obrigação é substituído por entrega.[3]

A *dívida pecuniária* apresenta-se sob diversas formas:[4]

1ª) *dívida de simples quantia;*

2ª) *dívida de quantia em determinado metal;*

3ª) *dívida de quantia determinada pela espécie da moeda;*

4ª) *dívida de quantia em moeda de certa espécie com valor nominal determinado;*

5ª) *dívida de quantia em moeda de certa espécie com valor convencionado.*

O cumprimento da obrigação não se realiza do mesmo modo nas diversas formas. Se a dívida é de *simples quantia,* o devedor exonera-se pagando igual valor, qualquer que tenha sido a espécie monetária. Mas, se a dívida deve ser paga em determinado metal, o pagamento há de ser feito na moeda convencionada.

Somente as dívidas de simples quantia têm como objeto *prestação pecuniária* propriamente dita. O pagamento em certas peças de moeda ou de quantidade de peças da mesma natureza não corresponde a uma dívida pecuniária, se bem que consista em dinheiro.

---

2   HEDEMANN. **Derecho de obligaciones**. p. 91. ASCARELLI. **Problemas das sociedades anônimas.**
3   HEDEMANN. Ob. cit. p. 92.
4   ALMEIDA, Lacerda de. **Obrigações**. § 231, p. 98. Exemplos respectivamente: 1º) o pagamento de R$ 100,00; 2º) o pagamento de R$ 100,00 em ouro; 3º) o pagamento de R$ 100,00 em centavos; 4º) o pagamento de R$ 100,00 em moeda metálica de um cruzeiro; 5º) o pagamento de R$ 100,00 ao câmbio de x.

O objeto da *dívida pecuniária* é controvertido.⁵ Consideram-na alguns modalidade da *obrigação* genérica. Sendo o dinheiro o bem fungível por excelência, constituiria objeto de prestação de dar coisa incerta, mas, em verdade, a dívida pecuniária não possui esta natureza. Caracteriza-se, pelo *valor quantitativo,* isto é, medida obtida por meio de *cálculo,* sendo indiferente a moeda ou o papel empregado. É, em síntese, *obrigação de soma de valor.* Na dívida pecuniária, a prestação não é de coisas, ainda quando tenha por objeto determinada espécie monetária.⁶

Da qualificação da obrigação pecuniária como *dívida de soma de valor,* resultam duas importantes consequências: *a)* o risco de sua perda não se transmite ao credor quando o devedor envia o dinheiro; *b)* se a espécie monetária desaparecer da circulação, o devedor não se libera, pois fica obrigado a pagar em outra espécie em que seja convertida. Vale a regra para o caso de ser invalidada a emissão da moeda.

A prestação pecuniária há de ser executada na moeda corrente do país, de acordo com o sistema monetário vigente. Se ao papel-moeda é conferido curso forçado, não podem os particulares estipular meios de pagamento que importem repúdio daquele a que o Estado atribuiu o mesmo poder liberatório. Em consequência, a lei declarou nula a *cláusula-ouro* e outros processos tendentes a repelir o meio circulante.⁷

(RA) O novo texto do Código Civil estabelece que a dívida em dinheiro será paga em moeda corrente e pelo valor nominal, sendo nula a convenção de pagamento em ouro ou em moeda estrangeira, bem como a estipulação com o objetivo de estabelecer determinada base para o cálculo de valor de dívida (*indexação*), salvo os casos previstos na legislação especial, a qual já exclui desta regra, sem prejuízo de outros, os seguintes:

– os contratos e títulos referentes a importação ou exportação de mercadorias;
– os contratos de financiamento ou de prestação de garantias relativos às operações de exportação de bens de produção nacional, vendidos a crédito para o exterior;
– os contratos de compra e venda de câmbio em geral;
– os empréstimos e quaisquer outras obrigações cujo credor ou devedor seja pessoa residente e domiciliada no exterior, excetuados os contratos de locação de imóveis situados no território nacional;

---

5   Discute-se ainda se consiste no valor que a moeda representa ou na sua quantidade, predominando o entendimento – Ascarelli, Nussbaum – de que é o valor quantitativo o que interessa, é o *quantum* (valor nominal). O valor quantitativo está *in obligatione,* e *in solutione,* não se alterando em consequência da deterioração da moeda.
6   Cf. LARENZ. Ob. cit. p. 179.
7   Dec.-Lei n. 23.501, de 27.11.1933, art. 1º. A Lei n. 28, de 15.02.1935, e o Dec.-Lei n. 6.652, de 29.06.1944, permitiram o pagamento em moeda estrangeira nos contratos de importação e nas obrigações contraídas no estrangeiro para serem executadas no país. Ver também a Lei n. 238, de 28.02.1967, e o Dec.-Lei n. 316, de 13.03.1967. **(RA)** A matéria é regulada pela Lei n. 8.880, de 27.05.1994, e pela Lei n. 9.096, de 29.06.1995, que dispõem sobre o Sistema Monetário Nacional; pela Lei n. 10.192, de 14.02.2001, que estabelece medidas complementares ao Plano Real **(RA)**.

– os contratos que tenham por objeto a cessão, transferência, delegação, assunção ou modificação das obrigações referidas no item anterior, ainda que ambas as partes contratantes sejam pessoas residentes ou domiciliadas no país **(RA)**.

Uma vez que a *dívida pecuniária é obrigação de valor nominal*, por se não admitir seja contraída pelo *valor intrínseco* ou pelo *valor comparativo*, o credor suporta o risco da deterioração da moeda.[8]

Nos países que sofrem os efeitos da *inflação*, costuma-se estipular a chamada *cláusula de estabilização*, que toma a forma de *reajustamento do preço* nas obrigações que se apresentam como contraprestação das de dar. A estabilização pela referência ao valor intrínseco ou comparativo da moeda não é permitida, mas autorizada em relação a outros índices e admitida, para certas dívidas, a correção monetária. Esta técnica de atualização do valor da moeda está admitida por vários diplomas legais.[9] O pagamento em cheque não é liberatório em princípio, porque o cheque é mera ordem de pagamento.

(RA) O novo texto do Código Civil permite, além da possibilidade da atualização do valor da moeda e, por isso, a do valor da prestação, também, o *aumento*

---

[8] Cf. LARENZ. Ob. cit., p. 182. Medidas e processos tendentes a eliminar ou diminuir esse risco têm sido adotados ou admitidos no país por motivo de inflação incontida. Consultar, do autor: **Transformações gerais do direito das obrigações**, cap. IX. – Para o estudo da influência da deterioração da moeda, **Influence de la dépréciation monétaire sur la vie juridique privé**; estudos sob a direção de Paul Durand. GOZDAVA, Goldlewski. **L'incidence des variations des prix sur le montant des dommages indirectes**; PÉDAMON. **La reforme monetaire en Allemagne**.

[9] Dentre outros, os seguintes: 1) a Lei n. 3.337, de 12.12.1957, que dispôs sobre emissão de letras e obrigações do Tesouro Nacional, no art. 4º, preceituou que os títulos correspondentes a empréstimos de prazo não inferior a um ano, emitidos num período de 3 anos a contar da vigência da Lei, poderão conter cláusula de garantia contra eventual desvalorização da moeda; 2) Lei n. 4.357, de 16.07.1964, art. 1º, § 1º, determina a atualização periódica dessas obrigações do Tesouro Nacional, em função das variações do poder aquisitivo da moeda, tendo poder liberatório pelo seu valor atualizado (art. 1º, § 4º); 3) a mesma Lei contempla ainda a atualização dos débitos fiscais (art. 7º) e das contribuições devidas por empregados e empregadores (art. 8º); 4) a Lei n. 4.380, de 21.8.1964, institui a correção monetária nos contratos imobiliários de interesse social; 5) O Dec.-Lei n. 4, de 07.02.1966, estabelece a correção monetária nas locações comerciais regidas pelo Código Civil, ou pelo Decreto n. 24.150, de 20.04.1934 (art. 1º); 6) a Lei n. 4.504, de 30.11.1964 (Estatuto da Terra), prevê igualmente reajuste das prestações mensais de amortização e juros dos saldos devedores nos contratos de compra e venda a prazo (art. 109); 7) a Lei n. 4.591, de 16.12.1964, dispõe sobre reajuste do preço nas incorporações feitas pelo regime de empreitada, por índices previamente determinados (art. 55); 8) a Lei n. 4.686, de 21.06.1965, prevê a correção monetária nas desapropriações; 9) o Dec.-Lei n. 19, de 30.08.1966, obriga a adoção de cláusula de correção monetária nas operações do sistema financeiro de habitação; 10) O Dec.-Lei n. 75, de 21.11.1965, dispõe sobre a correção nos débitos de natureza trabalhista; 11) a Lei n. 6.423, de 17.06.1977, que estabelece base para a correção monetária; 12) a Lei n. 6.404, de 15.12.1976, que regula as sociedades anônimas. Novo índice foi recentemente adotado em substituição, em alguns casos, à ORTN. É conhecido pela sigla INPC, que significa índice nacional de preços ao consumidor. **(RA)** Ver também Leis n. 8.880, de 27.05.1994, 9096, de 29.06.1995, 10.192, de 14.02.2001 **(RA)**.

progressivo das prestações sucessivas, situação diferente da atualização monetária. Esse aumento da prestação é possível quando se estipula a sua sucessividade, o que somente pode ocorrer nos contratos de duração a que se refere o autor no item 60 do seu livro Contratos, desta mesma Editora, pois nos contratos instantâneos as prestações realizam-se em um só instante **(RA)**.

33. Dívidas de valor. *Das obrigações pecuniárias* distinguem-se as *dívidas de valor*. Determinam-se as primeiras por uma quantia fixa, enquanto as outras variam no *quantum* em função do valor da moeda. Nas *dívidas de valor* a quantidade de dinheiro pode ser maior ou menor, conforme as circunstâncias, como se verifica, por exemplo, na obrigação de alimentos. Nas *dívidas de valor*, quem suporta o risco da desvalorização é o devedor, *exposto* que se acha a despender maior quantidade de dinheiro, se diminui o poder aquisitivo da moeda.[10] Recorre-se nesses casos à *cláusula de indexação*, com a qual as partes defendem-se da deterioração da moeda fixando o valor da dívida em função da variação de determinado índice econômico, como, por exemplo, o salário mínimo. Por outro lado, a própria lei passou a impô-la em relação a certas dívidas.

Dentre as dívidas ajustáveis assumem significativa importância, no campo do *Direito das Obrigações*, as de ressarcimento dos danos provenientes de ato ilícito.

Nos períodos de instabilidade monetária, não satisfaz a regra de que o dano deve ser reparado por seu valor no momento da ocorrência. Para se chegar à conclusão de que cumpre avaliá-lo quando se há de efetuar o pagamento da indenização, invocaram-se razões ponderáveis, que vêm sensibilizando os juízes. A principal justificativa extrai-se da natureza da obrigação de indenizar.

Vigora ainda em nosso direito positivo o princípio nominalístico como regra geral em matéria de pagamento das dívidas de dinheiro, mas, para corrigir iníquos efeitos da inflação persistente no país, têm se admitido exceções, quer por determinação legal, quer por interpretação dos tribunais. **(RA)** O próprio novo texto do Código Civil acolheu a *teoria da imprevisão* (art. 317) e a da *onerosidade excessiva* (art. 478) **(RA)**. O princípio tem sido esquecido na cobrança de dívidas fiscais e parafiscais. A aplicação da teoria da *dívida de valor*, mormente em relação às *obrigações de reembolso*, encontra valioso apoio na tese do *valor corrente*, preconizada na doutrina mais recente. Conforme essa tese, o valor que a quantia devida tem no momento em que a dívida é contraída é um *valor de obrigação*, e não de pagamento, devendo este ser calculado, no momento do cumprimento, pelo poder aquisitivo ou de troca da moeda. A *revalorização do crédito* não pode ser adotada, todavia, como a regra geral das dívidas pecuniárias, porque as converteria, todas

---

10 Consultar, do autor: **Transformações gerais do direito das obrigações**, cap. VIII. É a natureza do débito que permite distinguir a *dívida de valor da dívida pecuniária*. O objeto da *dívida de valor* não é determinada soma de dinheiro mas um valor que pode corresponder, em momentos diversos, a diferentes somas de dinheiro. Não se lhe aplica o princípio do valor nominal da moeda.

elas, em *dívidas de valor*; mas sua aceitação em número crescente de dívidas de dinheiro, como a de restituir quantia indevidamente recebida, atesta que progride a tendência para a generalização da *correção monetária*, aplicando-a não apenas às *dívidas de valor* em sentido estrito.

Permanece, não obstante, a distinção entre dívida pecuniária e dívida de valor, consolidando-se sob a influência da doutrina alemã esta figura nova correspondente a certas obrigações, que, posto não se traduza ainda em fórmula unívoca, vem sendo utilizada para justificar a variação quantitativa do conteúdo monetário de determinadas prestações. Tende-se para considerar *dívida de valor* todas as obrigações de indenizar, promanem de alto ilícito ou de inexecução contratual. São também dívidas de valor: a que provém de desapropriação, a de alimentos, a de restituição em caso de nulidade, a de revogação de doação, a de dissolução de sociedade e outras.

34. Prestação de indenização. A obrigação de reparar danos tem como objeto prestação especial, que consiste no ressarcimento dos prejuízos causados a uma pessoa por outra ao descumprir obrigação contratual ou praticar ato ilícito. Denomina-se indenização o objeto dessa prestação.

(RA) O texto de 2002 do Código Civil brasileiro optou, ao estabelecer o regime jurídico da *obrigação de indenizar*, pela *teoria da unidade de responsabilidade* para expressar tanto a reparação decorrente do *ato ilícito* como a decorrente de *dano* causado pelo *inadimplemento* de uma obrigação cuja fonte *mediata* é o *contrato*. Significa que, entre nós, não cabe mais a dicotomia *responsabilidade civil extracontratual* e *responsabilidade civil contratual*. A expressão *responsabilidade civil* passou a ter um único conteúdo semântico técnico, qual seja, o de dever de reparar dano cuja fonte *mediata* da respectiva *obrigação de indenizar* será, sempre, ou um ato ilícito *stricto sensu* ou um ato ilícito por extensão legal, como o é o excesso manifesto no exercício de um direito subjetivo, ou uma prática de ato jurídico qualquer que *viole direito* de outrem e lhe *cause dano*.

Neste sentido, o *inadimplemento* de uma obrigação contratual poderá ser causa de um *dano* e, assim, além dos efeitos gerados pelo descumprimento da prestação – pagamento dos prejuízos que a mora der causa, de perdas e danos, de juros; de correção monetária; de honorários de advogado; incursão na cláusula penal ou nas arras, se couberem –, também dele pode decorrer um *dano* a ser reparado e, então, ao lado desses efeitos próprios do *inadimplemento*, haverá aqueles outros decorrentes do fato gerador do *dano* – se esse inadimplemento diminuir o patrimônio do credor –, entrando-se, por conseguinte, no regime jurídico da *obrigação de indenizar* (cf. item 4, *supra*) **(RA)**.

A obrigação de indenizar danos pode ter as seguintes causas:

a) *o ato ilícito;*

b) *o inadimplemento de obrigação contratual;*

c) *o dever contratual de responder pelo risco;*

d) *o dever legal de responder sem culpa.*

Dizem-se *primárias* as obrigações de indenizar, nas quais a reparação do dano é o objeto direto e imediato da prestação. Tais são as que a lei faz derivar do *ato ilícito*, as contraídas para o fim indenizatório, como a que resulta de um *contrato de seguro*, e as impostas legalmente às empresas, pelos riscos que criam. É *secundária* a obrigação de indenizar que surge em consequência do inadimplemento culposo de uma obrigação contratual.

A diversidade das causas determinantes da obrigação de indenizar não impede sua elevação a uma categoria geral, mediante a sistematização de princípios comuns, **(RA)** até porque já se lembrou, linhas atrás, que o texto de 2002 do Código Civil brasileiro optou pela *teoria da unidade de responsabilidade*, que dispensa essa especulação doutrinária sobre a diversidade das causas **(RA)**.

Para melhor caracterizar a *prestação de indenização*, importa distinguir as várias espécies de *danos*. Larenz[11] assim os classifica:

a) *dano concreto ou real e matemático;*

b) *dano direto e indireto;*

c) *dano material e imaterial;*

d) *dano por inadimplemento e por frustração da confiança.*

Dano concreto ou *real* é o que consiste na alteração efetiva da existência ou da situação do bem jurídico afetado, não se verificando nenhuma perda patrimonial, como, por exemplo, no caso de lesão corporal.[12]

Dano matemático, o que significa perda de um valor patrimonial, expresso em dinheiro, sofrido pelo prejudicado.[13] Para a caracterização da prestação de indenizar, a distinção carece de significação prática, pois a reparação do dano sempre se há de expressar em prestações suscetíveis da avaliação pecuniária, ainda que por mera estimativa.

Dano direto é o que se produz no bem imediatamente em consequência do evento determinante. No *dano indireto,* o prejuízo só se verifica como consequência posterior, prolongando-se no tempo, como ocorre quando o prejudicado fica temporariamente privado do uso do bem. O interesse maior da distinção reside na diferença de critério para a avaliação. O *dano indireto* dá lugar à indenização de *lucros cessantes.*

Há *dano material* quando o patrimônio do prejudicado é atingido, seja porque diminui, seja porque fica impossibilitado de aumentar. O *dano* é *imaterial* quando se verifica em bem jurídico insuscetível de apreciação econômica, como, por exemplo, quando são lesados direitos personalíssimos. Usa-se, entre nós, de preferência, a expressão *dano moral*. Com esta espécie de dano não se devem confundir os danos materiais provenientes de uma lesão a bens extrapatrimoniais, produzindo-

---

11 Ob. cit. p. 193.
12 LARENZ. Ob. cit. p. 193.
13 LARENZ. Loc. cit.

se, pois, de modo indireto ou mediato. A indenização do *dano moral* propriamente dito não está admitida em todas as legislações e é doutrinariamente controvertida. Quanto aos efeitos patrimoniais do *dano moral*, é indiscutível **(RA)**; entre nós, admitido, expressamente, pela Constituição Federal de 1988 (art. 5º, incisos V e X), restou acolhido no novo texto do Código Civil no seu art. 186 **(RA)**.

Por fim, há danos que resultam do inadimplemento de uma obrigação, de modo que a pretensão a que sejam indenizados cobre um *interesse contratual positivo*, enquanto outros decorrem da frustração da confiança depositada em alguém nas negociações preliminares de um contrato, configurando um *interesse contratual negativo*. A indenização do chamado *dano de confiança* não se estende ao lucro que o frustrado teria se o contrato fosse celebrado. A responsabilidade no caso não é contratual. Alguns a denominam de pré-contratual.

35. Princípios a que se subordina. Os princípios gerais a que se subordina a *obrigação de indenizar* dizem respeito:

a) *à extensão;*

b) *ao modo de cumprimento.*

A reparação deve ser completa, abrangendo todas as consequências do dano. Por outras palavras, a *indenização* há de ser *total*. Mas não pode ir além dos prejuízos efetivamente sofridos em consequência do fato danoso. Exige-se a *adequação expressa* dos efeitos à causa, delimitando-se, assim, a extensão do ressarcimento. Excluem-se, portanto, as consequências remotas do evento produtor do dano, especialmente se o prejudicado concorreu para sua agravação. Não se admite, demais disso, que este consiga situação mais favorável do que teria se o acontecimento danoso não houvesse ocorrido.

A *prestação de indenização,* na sua extensão máxima, compreende o pagamento do *dano emergente* e do *lucro cessante*. Por *dammun emergens*, entende-se o prejuízo efetivamente sofrido, consistente na diminuição atual do patrimônio do prejudicado. Mas nem sempre o dano consiste exclusivamente na lesão de bem existente no patrimônio do prejudicado. Não raro, o fato danoso constitui obstáculo ao incremento patrimonial. Cessam ou se interrompem as vantagens decorrentes da utilização do bem atingido, como sucede, por exemplo, quando um motorista profissional se vê privado de utilizar, durante algum tempo, seu veículo, em consequência da sua danificação por ato ilícito de outrem. Nesse caso, tem prejuízo, não somente com o estrago causado, mas, igualmente, com o que deixa de ganhar. Esta perda chama-se *lucro cessante*. Não é fácil determiná-lo, tendo o prejudicado de se conformar, na maioria das vezes, com um juízo de probabilidade, que se expressa processualmente por *arbitramento*. Em determinadas situações permite-se a *estimação abstrata* do lucro cessante, pela simplificação da prova.[14]

---

14 Cf. LARENZ. Ob. cit. p. 210.

O princípio da *indenização completa* sofre exceção nos casos em que o dever de reparar se funda na teoria objetiva da responsabilidade. A indenização é quantitativamente limitada, em compensação de sua certeza. **(RA)** Os modos de fixar a indenização estão expostos *infra* (cf. item 78) **(RA)**.

A *obrigação de indenizar* cumpre-se por dois modos:

a) *reposição natural*;

b) *prestação pecuniária*.

Há *reposição natural* quando o bem é restituído ao estado em que se encontrava antes do fato danoso. Constitui a mais adequada forma de reparação, mas nem sempre é possível, e muito pelo contrário. Substitui-se por uma *prestação pecuniária*, de caráter compensatório. Se o autor do dano não pode restabelecer o estado efetivo da coisa que danificou, paga a quantia correspondente a seu valor. É rara a possibilidade da *reposição natural*. Ordinariamente, pois, a *prestação de indenização* se apresenta sob a forma de prestação pecuniária, e, às vezes, como objeto de uma *dívida de valor*.

Se bem que a *reposição natural* seja o *modo próprio* de reparação do dano, não pode ser imposta ao titular do direito à indenização. Admite-se que prefira receber dinheiro. Compreende-se. Uma coisa danificada, por mais perfeito que seja o conserto, dificilmente voltará ao estado primitivo. A indenização pecuniária poderá ser exigida, concomitantemente com a *reposição natural*, se esta não satisfizer suficientemente o interesse do credor, **(RA)** tanto que se pode fixar a restituição do equivalente da coisa, que deixar de existir, mediante a estimativa pelo preço ordinário ou pelo preço de afeição, contanto que este não se avantaje àquele **(RA)**.

Se o devedor quer cumprir a obrigação de indenizar mediante *reposição*, o credor não pode exigir a substituição de coisa velha, por nova, a menos que o reparo não restabeleça efetivamente o estado anterior. Por outro lado, o devedor não pode ser compelido à restituição *in natura*, se só for possível mediante gasto desproporcional.[15]

A *compensatio lucri cum damno*, que poderia ser invocada quando o prejuízo traz, ao mesmo tempo, uma utilidade, é admitida nos termos da doutrina da *causação adequada*, isto é, quando houver conexão natural entre a vantagem obtida e o fato danoso.[16]

36. Prestação de juros. O uso de capital alheio pode ser remunerado mediante o pagamento de quantia proporcional a seu valor e ao tempo da utilização. A essa retribuição chama-se *juro*.

---

15 Hedemann, ob. cit., que dá o seguinte exemplo: a reparação de um pequeno forno, cujo modelo tenha ficado antiquado e quase desconhecido para os mecânicos atuais, pode ser mais custosa do que a aquisição de outro aparelho completamente novo e seguramente mais prático, p. 122.

16 HEDEMANN. Ob. cit. p. 128.

Trata-se de prestação especial que constitui objeto de obrigação corrente nos negócios de crédito. Seus traços característicos são: *a)* vinculação necessária a uma dívida de capital; *b)* nascimento coetâneo; *c)* equivalência a uma fração do capital devido.

Os *juros* pressupõem a existência de uma *dívida de capital*, consistente em dinheiro ou outra coisa fungível. São, portanto, objeto de *obrigação acessória*, que, todavia, pode ser exigida independentemente da dívida principal, passando a ser pretensão autônoma, com exigibilidade executiva própria.[17] Inclui-se, de fato, entre as coisas acessórias, no pressuposto de que o dinheiro é bem frutífero, universalmente admitido pelo direito moderno. Embora o pagamento de juros seja ordinariamente em dinheiro, não é necessário que tal prestação seja pecuniária; a remuneração do capital pode ser paga mediante a entrega de outros bens.

(RA) Essa prestação de juros pode integrar-se com a dívida de indenização se esta tiver como objeto a prestação pecuniária não cumprida **(RA)**.

A importância a ser paga a título de *juros* deve ser determinada desde a origem da obrigação.[18] Decorre esse princípio da natureza acessória da dívida remuneratória. Na determinação, influem, segundo a exposição de Hedemann, três fatores: 1º) o *grau de segurança* da inversão; 2º) as *relações concretas existentes entre as partes*, assim entendidas a necessidade de dinheiro do devedor e o interesse de inversão do credor; 3º) a *situação geral do mercado de capitais,* determinada pela abundância ou escassez de capitais disponíveis.

Caracterizam-se os *juros*, enfim, pela proporcionalidade ao valor do capital. Equivalem, realmente, a uma fração deste. A proporção é estabelecida com o número 100. Correspondem, assim, a determinada *porcentagem* sobre o capital.

A obrigação de pagar juros constitui-se:

a) *por estipulação contratual;*

b) *por disposição legal.*

Os *juros contratuais* são estipulados pelas partes até o limite máximo permitido na lei de repressão à *usura*. Os *juros legais* são impostos em determinadas dívidas, tendo aplicação mais frequente no caso de *mora*, quando se chama *juros moratórios*. A taxa também é fixada em disposição legal de caráter supletivo.

Na determinação contratual dos juros, a intervenção legal não se limita à fixação da maior taxa que pode ser estipulada. Dentre as proibições estatuídas, importa salientar a que visa a conter o *anatocismo*.[19] Não permite a lei que se adicionem os juros ao capital para o efeito de se contarem novos juros. O processo de calcular

---

17 HEDEMANN. Ob. cit. p. 97.
18 LARENZ. Ob. cit. p. 185.
19 Ver ESPÍNOLA, Eduardo. **Sistema do direito civil brasileiro**. v. II, t. 1, p. 192; BEVILÁQUA, Clóvis. **Obrigações**. p. 283; MENDONÇA, Carvalho de. **Doutrina e prática das obrigações**; ALMEIDA, Lacerda de. **Obrigações**. p. 461.

juros sobre juros para avolumar a prestação é considerado usurário, mas a regra proibitiva sofre importantes exceções no campo do Direito Comercial, como, por exemplo, nos empréstimos em conta corrente.

Nas *dívidas pecuniárias*, as *perdas e danos* consistem nos *juros moratórios*. É intuitiva a razão dessa especificidade. A privação do capital em consequência do retardamento na sua entrega ocasiona prejuízo que se apura facilmente pela estimativa de quanto renderia, em média, se já estivesse em poder do credor.

Os *juros de mora* podem ser objeto de convenção entre as partes. Quando não se estipulam no contrato, a lei os impõe, denominando-se, respectivamente, *convencionais* e *legais*.

Os *juros convencionais* podem fixar-se abaixo ou acima da taxa dos *juros legais*, mas não se permite que excedam a taxa estabelecida na lei para conter a *usura*.

A possibilidade de estipular *juros moratórios* acima da taxa legal fixada para suprir a vontade das partes é, entretanto, inequívoca em face do texto da lei.

Se bem que os *juros de mora* constituam a indenização específica, devida em consequência de retardamento culposo no cumprimento da obrigação, não é necessário, para exigi-los, que o credor alegue prejuízo. O devedor é obrigado a pagá-los independentemente de qualquer postulação, porque a lei os presume.

Os *juros moratórios* não se devem apenas pelo atraso no pagamento de *dívida pecuniária*. Comportam-nos, igualmente, prestações de outra natureza, quando fixado seu valor pecuniário por sentença judicial, arbitramento, ou acordo entre as partes.

As *perdas e danos* nas obrigações de pagamento em dinheiro não consistem tão somente nos *juros da mora*. Compreendem ainda as *custas do processo*, outras despesas judiciais, e honorários de advogado.

Inexplicavelmente, permite a lei sejam cumulados à *pena convencional*, admitindo duas indenizações pela mesma causa **(RA)** art. 404 **(RA)**.

A despeito de se caracterizar por traços incisivos, os *juros* devem ser distinguidos de outros *frutos civis*, dentre os quais, notadamente, os *dividendos* e as *rendas*. Os dividendos são a forma de participação nos lucros atribuída aos acionistas de uma sociedade anônima. Calculam-se mediante porcentagem sobre os mesmos lucros e são pagos periodicamente. Nisso se aproximam dos juros, pela forma. Substancialmente, constituem também remuneração de capital aplicado. Mas, no dividendo, a porcentagem não é invariável, como ocorre com os juros. Ademais, são diversas as finalidades econômicas. Igualmente periódicas e homogêneas são as prestações que consistem no pagamento de uma renda. Distinguem-se dos juros porque não constituem remuneração pela privação temporária de capital a ser devolvido.

De não confundir, finalmente, os juros com *amortizações*, que são prestações destinadas a extinguir a dívida parceladamente, pela diminuição progressiva do capital. O pagamento de juros deixa o capital intato.

Capítulo 6

ATOS ILÍCITOS

Sumário: 37. Aspectos da antijuridicidade. **38.** Responsabilidade delitual. **39.** Ato ilícito. O abuso de direito. **40.** Pressupostos do ato ilícito. **41.** Elementos do ato ilícito. **42.** Modalidades do ilícito civil. **43.** Delito civil e delito penal.

37. Aspectos da antijuridicidade. Os *fatos antijurídicos* enquadram-se em classes, que se distinguem conforme o modo pelo qual se manifesta a *desconformidade* entre o *ato* e a *norma*. A *desconformidade* apresenta-se ora como pura e simples inobservância de preceitos ordenatórias da atividade jurídica do agente, ora como violação de normas assecuratórias de direitos universais, ora como antijuridicidade qualificada em razão do desfavor da lei por motivo de política legislativa.

A *desconformidade pura e simples* caracteriza-se pela desobediência às exigências estabelecidas na lei para a validade do ato. Se alguém quer a produção de determinados efeitos jurídicos, há de suscitá-los mediante a prática do ato adequado, observados os pressupostos e requisitos indispensáveis à sua validade. Assim, quem deseja transmitir *mortis causa* seus bens a determinadas pessoas deve fazer *testamento* na forma autorizada na lei, obedecidas as solenidades ordenadas. Se não a observa, o ato não estará conforme ao Direito. A *ordem jurídica* reage, declarando *nulo* esse ato, isto é, negando-lhe eficácia. Sempre, portanto, que a *desconformidade jurídica* se manifesta como infração de uma regra que disciplina a atuação estritamente jurídica de alguém, o ato é *antijurídico*, sem lesar diretamente, porém, direito subjetivo de quem quer que seja.

Situação diferente apresenta-se quando, de ato infringente de norma jurídica, resulta *dano* a outra pessoa. A violação implica, nesse caso, lesão a um *direito subjetivo,* provocando reação diferente. Quem causou o dano fica obrigado a repará-lo, se capaz de entender e querer. Esse é o domínio da ilicitude, um dos aspectos mais importantes da *antijuridicidade*. Chama-se *ato ilícito* o praticado nessas condições.

Os fatos antijurídicos não se esgotam, porém, nestas duas espécies da *antijuridicidade subjetiva*.[1] Há situações consideradas desfavoravelmente pela lei, resul-

---

1 FERRARA, Cariota. **El negocio jurídico**. p. 12.

tantes *de fatos jurídicos stricto sensu* ou de *atos jurídicos*. São, para exemplificar, um acontecimento natural, como a avulsão, ou um ato de que resulte dano sem culpa do agente. Diz-se, nessas hipóteses, que a *antijuridicidade é objetiva*. Tal como procede em relação aos *atos ilícitos,* determina a lei que o dano seja indenizado. Daí a confusão sem cabimento entre tais situações e os atos ilícitos. Uma vez que as consequências são iguais, escritores têm sido levados a incluir essas situações entre os *atos ilícitos*. Mas a *antijuridicidade objetiva* distingue-se nitidamente da *antijuridicidade subjetiva*. Para que esta se configure, é necessário que o ato seja imputável ao agente, isto é, a quem tenha procedido culposamente. Na *antijuridicidade objetiva*, a reação da ordem jurídica não leva em conta o comportamento do agente. Ademais, pode ser provocada por um *fato stricto sensu*, enquanto a *antijuridicidade subjetiva* sempre é consequência de *ato voluntário*.

O conhecimento desses diversos aspectos da *antijuridicidade* é indispensável à perfeita caracterização do *ato ilícito*. Pelo confronto, delimita-se, com maior segurança, o campo da *ilicitude*.

O *ato antijurídico* é *ilícito* quando pessoa capaz de entender e querer, violando norma jurídica, por ação ou omissão culposa, lesa direito subjetivo de outrem, causando-lhe dano suscetível de avaliação pecuniária.

Ato ilícito, portanto, é, necessariamente, ação *humana*. A *norma* violada pelo agente há de ser das que conferem *direitos absolutos* e *unilaterais*. Ao infringi-la, o agente terá de lesar, do mesmo passo, *direito subjetivo* de outrem. Quem a viola deve ter *discernimento*. A violação há de ser intencional, ou resultar de imprudência ou negligência. Necessário, por fim, que, da violação, resulte *prejuízo* indenizável, pois, do contrário, será irrelevante no campo do Direito privado.

Todos esses elementos de caracterização do ato ilícito pedem maior desenvolvimento, pois a fixação desse aspecto da *antijuridicidade* é importantíssima para o estudo das obrigações que não nascem dos *negócios jurídicos*.

38. Responsabilidade delitual. O *ato ilícito é fonte de obrigações* porque, no Direito moderno, a lei impõe a quem o pratica o dever de reparar o dano resultante. No Direito Civil, a sanção aplicável a quem o comete é a *indenização*.

Em sua configuração externa, a *sanção civil* apresenta-se como uma *relação obrigacional*. Praticado o ato, nasce, para o agente, a obrigação de indenizar a vítima, tendo por objeto prestação de ressarcimento. Na relação obrigacional, assim constituída, o *agente* é *devedor* e a *vítima, credor,* tal como se entre os dois houvesse contrato. Todavia, esta semelhança é aparente, porquanto a obrigação de quem praticou *ato ilícito* não é contraída voluntariamente como a de quem contrata.

A feição atual da sanção do *ato ilícito* atesta o aperfeiçoamento dos costumes. Mesmo no Direito romano, que superou a fase primitiva da *vingança privada*, a *patrimonialização* dessa pena não atingiu o refinamento conceitual da *indenização*. O pagamento devido pelo *agente* conservou o caráter de *multa privada,* ajustada entre as partes. Cabia, tão somente, quando se verificasse a perda ou o estrago de uma coisa do patrimônio da vítima, podendo ultrapassar seu valor. Não possuía, em suma, verdadeiro caráter indenizatório. Por sua natureza, não permitia a generalização. Aplicava-se, tão só, aos casos previstos, razão por que não se pode ver nas regras romanas sobre o *delito* os elementos de uma teoria geral da *responsabilidade civil*. A partir, porém, da *Lex Aquilia,* iniciou-se a tendência para a generalização com fundamento na regra atinente ao *damnum injuria datum,* que regulava, de início, a responsabilidade daquele que, sem direito ou escusa legal, causasse um dano à propriedade alheia. Posteriormente, o pretor estendeu a ação a outros prejudicados, mesmo quando o dano fosse causado *corpori*. Por outro lado, a lei *Aquilia* teria introduzido a *culpa* como fundamento da responsabilidade, isto é, elemento constitutivo do *delito civil* – "*in lege Aquilia et levissima culpa venit*". Contudo, apesar desses progressos, os romanos não construíram uma teoria geral da responsabilidade.

Deve-se sua elaboração à doutrina moderna. Concorreu, decisivamente, o *Código de Napoleão*, em cujo art. 1.382 se consubstanciou o preceito genérico da responsabilidade civil, ao dispor: "*Tout fait quelconque de l'homme, qui cause à autrui um dommage oblige celui par la faute duquel il est arrivé, à le réparer.*" Firmou-se, no Direito atual, a regra geral de que fica obrigado a reparar o dano todo aquele que o causar por sua culpa.

Importa, por enquanto, enunciá-lo nesses amplos termos para assinalar que a lei faz derivar obrigações de fatos danosos. Assim, tais *fatos* condicionam o nascimento da *obrigação* específica de indenizar. É a lei, em última análise, que contra a vontade do agente o faz sujeito passivo da obrigação, impondo-lhe o dever de prestar indenização. Mas a obrigação somente surge se o preceito legal for acionado pelo *fato danoso* realizado nas condições que prevê. Neste sentido, tal fato é a *fonte* **(RA)** *mediata* **(RA)** *da obrigação,* **(RA)** considerando-se que a lei é, sempre, a *fonte imediata* de toda e qualquer obrigação **(RA)**.

Segundo a opinião predominante, o *fato danoso* de que resulta por ministério da lei a *obrigação de indenizar* há de se configurar como *ato ilícito*.

Nestas condições, é imperioso caracterizá-lo com exatidão para delimitar o campo da *responsabilidade extracontratual* ou *delitual*, **(RA)** assim chamada antes do regime de *unidade de responsabilidade* do novo texto do Código Civil, o de 2002 **(RA)**.

39. Ato ilícito. O abuso de direito. A caracterização do *ato ilícito* não é fácil, como parece à primeira vista. *Ilícito* significa contrário à lei, mas, como visto, nem todo ato infringente da lei é *ilícito*. F. Ferrara aponta a doação entre cônjuges como exemplo de ato contrário à norma que, no entanto, não constitui *ato ilícito*. Em verdade, grande número de atos infringentes de preceitos legais não podem ser qualificados como *ilícitos*. Tais são, além dos que violam preceitos ordenatórios, os consistentes no inadimplemento das obrigações contratuais. Quem, voluntariamente, não cumpre obrigação oriunda de contrato infringe, de modo evidente, a norma que impõe o adimplemento sob certas penas, inclusive a de indenizar o credor pelo dano causado, mas essa *infração* não é *ato ilícito stricto sensu*, porque eminentemente *relativa*, isto é, por interessar exclusivamente à outra parte. Não existiria, como adverte Von Tuhr, se o contrato não impusesse ao devedor deveres especiais para com o credor.[2] Quando, portanto, se verifica uma *infração contratual* que, *ultima ratio*, importa violação de dever jurídico legalmente expresso, a ação contrária ao direito não configura *ato ilícito*, **(RA)** salvo se esse *inadimplemento* violar um direito subjetivo da outra parte e, nestas condições, causar *dano* a esse seu titular **(RA)**.

Outrossim, para que o *ilícito civil* se caracterize, é mister que do ato resulte prejuízo para alguém. Se de uma ação contrária ao direito não resulta dano, o *delito civil* não se verifica, consoante o entendimento dos autores que se inspiram no *Direito romano*. Contra essa concepção insurgem-se os partidários da doutrina germânica, para a qual o ato não é ilícito somente quando cause dano, mas sempre que expresse determinada conduta, independentemente de qualquer consequência prejudicial a outrem.[3] Por outro lado, ainda que se considere a produção do dano elemento essencial à caracterização do ato ilícito, não se deve confundir *fato ilícito* com *fato danoso*. Há *fatos* que causam prejuízo a outrem, mas não são *ilícitos*.

O *dever de indenizar* não basta, ademais, à configuração do *ilícito civil,* porque o dano causado a alguém pode ser reparado por determinação legal, sem que a pessoa obrigada a repará-lo tenha cometido, em sentido estrito, *ato ilícito*. Esta consideração é da maior importância para a inteligência da *teoria da responsabilidade civil*. Porque não atentam em tal particularidade, os escritores em geral se embaraçam na explicação da chamada *responsabilidade objetiva*.

Cumpre esclarecer, por fim, que a ação antijurídica há de consistir em violação de um direito *personalíssimo* de outrem e do *direito de propriedade,* que a ordem jurídica individualista incluía entre aqueles. Por outras palavras, o *ato ilícito* é lesão de um *direito absoluto*, vale dizer, de um direito que todos devem respeitar. Trata-se de invasão da esfera jurídica alheia que atenta contra interesses e valores fundamentais da personalidade humana, como, dentre outros, a vida, a liberdade, a saúde, a honra.[4] Toda lesão culposa de um desses *direitos subjetivos* obriga aquele que a praticou a indenizar suas consequências patrimoniais, configurando ato ilícito *stricto sensu*. Mas o conceito de *ato ilícito* não se reduz a tais violações. Além dos atos que acarretam a lesão dos bens jurídicos inalienáveis, isto é, dos direitos *personalíssimos*, o Código *alemão* qualifica como civilmente delituosos os que constituem *violação das disposições legais de proteção* e os praticados contra os *bons costumes*, dos quais resultem dano a outrem. Na conformidade dessa conceituação analítica, o *ato ilícito* compreende ações antijurídicas que não constituem lesão a direito absoluto.

---

2   **Tratado de las obligaciones**. t. I, p. 263.
3   SALEILLES. **L'obligation**. p. 361.
4   Consultar, do autor, **Introdução ao direito civil,** cap. 11, n. 77 e segs., 20. ed., revista, atualizada e aumentada, de acordo com o Código Civil de 2002, por Edvaldo Brito e Reginalda Paranhos de Brito. Rio de Janeiro: Forense, 2010.

É, finalmente, indispensável que o ato lesivo seja praticado livre e conscientemente, de modo a se configurar a *culpa* do agente. O *elemento subjetivo* há de entrar em sua definição, visto como, em sentido estreito, ato ilícito não equivale a transgressão legal, ou a causação de dano. Sem *culpa*, não há *ato ilícito*. Esta assertiva parece reacionária, em face da tendência para a chamada objetivação da responsabilidade, mas verdadeiramente não é, uma vez se façam certas distinções. Não se deve confundir o *dever de indenizar*, que é uma consequência legal do *ato ilícito,* com ele próprio. Um *direito personalíssimo* pode ser violado sem ter cometido ato ilícito quem tem obrigação de reparar o consequente prejuízo. Mas porque deve alguém prestar indenização, como se praticara ato ilícito, não se pode inferir que o cometera. O patrão é obrigado a indenizar acidente do trabalho sofrido pelo empregado, ainda que tenha este concorrido para sua produção, mas ninguém pode afirmar que praticou *ato ilícito*. Uma coisa é ser obrigado a pagar indenização, outra atribuir a alguém *ato ilícito*. Por se aprovar o movimento que alarga o dever de indenizar os prejuízos causados na esfera dos direitos personalíssimos, não se deve concluir que tais lesões caem sempre no domínio dos atos ilícitos. São coisas distintas, como adiante se verá mais detidamente.

O *ato ilícito* é a ação, ou a omissão culposa, pela qual, lesando alguém, direito absoluto de outrem ou determinados interesses especialmente protegidos, fica obrigado a reparar o dano causado.

Nesta noção, o *ato ilícito* caracteriza-se sem seus *pressupostos de fato,* como a lesão aos direitos absolutos e aos interesses particularmente protegidos; em sua *essência,* como comportamento culposo, e em sua *consequência,* que se esgota no dever de indenizar o dano produzido. Em síntese, um comportamento antijurídico de efeitos previstos na lei, uma reação da ordem jurídica contra os que violam normas de tutela de direitos existentes independentemente de qualquer relação jurídica anteriormente existente entre o agente e a vítima.

(RA) *Abuso de direito.* O legislador pátrio, no texto de 2002 do Código Civil, caracterizou o *abuso de direito* como *ato ilícito,* ao dispor que comete, também, este tipo de *ato* o titular de um direito que, ao exercê-lo, *excede manifestamente* os limites impostos pelo seu fim econômico ou social, pela boa-fé ou pelos bons costumes.

Mantida a análise crítica feita no item 21, *supra,* contudo, supera-se, assim, a discussão referente à possibilidade ou não de um titular de direito *abusar* do próprio, porque, aqui, demonstra-se que a caracterização decorre da *forma* de exercício: ofensa à sua finalidade (econômica ou social), à boa-fé (objetiva ou subjetiva) ou aos bons costumes.

Identificar esta caracterização é função jurisdicional, uma vez que tais limites não são expressos pela fonte normativa. O magistrado, na busca desses limites, há de perquirir não a intenção do agente, mas a *atipicidade* do exercício, isto porque o *abuso de direito* ou se configura pelo *animus nocendi* (intenção de prejudicar alguém sem proveito próprio), ou, simplesmente, pela *atipicidade* no exercício de um direito mediante desvio de sua função. O direito pátrio decidiu pela concepção objetiva que não contempla o *animus,* como se exige na caracterização do *ato ilícito* por natureza, porque, em se tratando dessa categoria, então, dever-se-ia considerá-la a partir do pressuposto da *culpa,* na qual se baseia a responsabilidade delitual. Mas, se o legislador adota a concepção objetiva, é de entender-se o *abuso de direito,* apenas, como um similar do *ato ilícito* e não como categoria igual.

Nestes termos, é que a função jurisdicional estará, sempre, manietada por essa opção legislativa brasileira, a da concepção objetiva, isto é, a da *atipicidade* do exercício, pouco importando o *animus nocendi,* e não buscará a culpa do agente. Essa formulação do Código Civil brasileiro dispensa, assim, que se examine a circunstância de o titular do direito ter ou não consciência do *excesso (culpa),* tanto que à vítima não cabe impedir o exercício, por este titular, senão pedir ao juiz que o faça conter-se nos limites fixados pela lei civil identificados – como dito – pela função jurisdicional, gerando a *obrigação de indenizar* **(RA)**.

40. Pressupostos do ato ilícito. São *pressupostos* do *ato ilícito:*

a) a lesão de um direito personalíssimo;

b) a lesão de um direito real;

c) a violação de um preceito legal de tutela de certos interesses.[5]

A principal categoria dos direitos que podem ser violados por *ato ilícito* é constituída pelos *direitos absolutos,* que compreendem os da *personalidade* e os *direitos reais,* notadamente o de *propriedade.*

Entre os *bens jurídicos* considerados objeto dos *direitos personalíssimos,* enumeram-se a *vida, a liberdade, a saúde e a honra.* Situam-se no mesmo plano, dentre outros, os direitos ao *nome, à própria imagem,* ao *crédito comercial.* Consoante insistente tendência, procura-se incluir o *trabalho* entre os bens vitais, considerado também *direito personalíssimo* cuja lesão gera para o prejudicado a pretensão de indenização. O ato ilícito que pode ser praticado em detrimento desse direito mais frequentemente é o que atinge a *liberdade profissional.* No âmbito do *direito personalíssimo do trabalho* está compreendida a liberdade de iniciativa, isto é, de exercício de qualquer atividade industrial ou comercial.

Sempre, pois, que alguém culposamente lesa um desses direitos absolutos, causando prejuízo ao seu titular, comete *ato ilícito.*

Na mesma faixa inclui-se o *direito de propriedade,* mas, para que a violação configure *ato ilícito,* é preciso que seu objeto seja unificado. Do campo da ilicitude, excluem-se as situações que pressupõem a *concorrência de pretensões* sobre a mesma coisa.[6] Nem toda lesão ao direito de propriedade constitui, pois, *ato ilícito,* senão somente a que cause dano à coisa objeto da propriedade, se não preexiste

---

5 HEDEMANN. Ob. cit. p. 523.
6 HEDEMANN. Ob. cit. p. 527.

relação jurídica entre o proprietário e quem a danificou. Assim, se o condutor de um veículo danifica outro por imperícia, comete *ato ilícito* consistente na lesão causada no direito de propriedade da vítima, ficando obrigado a reparar o prejuízo que causou. Os *direitos reais limitados* também podem ser agredidos pela conduta culposa de outrem.

Nas legislações fiéis ao sistema romano, diversas hipóteses discriminadas podem ser reunidas num só pressuposto. Tais as que consistem na violação de preceito legal de proteção individual. Na maioria dos casos, essa tutela compreende interesses legitimados como *direitos absolutos,* mas, em outros, destina-se à garantia e interesses que não alcançam essa valorização legal.

Superior a esse sistema discriminatório é, sem dúvida alguma, o que estatui princípio geral que unifica as condições determinantes do ato ilícito. Resume-se, em verdade, à *injúria* a todo e qualquer direito não derivado de preexistente vínculo jurídico.

41. Elementos do ato ilícito. Reduzem-se a dois os elementos constitutivos do ato ilícito: um *objetivo,* outro *subjetivo.* O *elemento objetivo* ou *material* é o *dano.* O *elemento subjetivo,* a *culpa.* Devem estar vinculados por um *nexo causal.* É necessário, em suma, que o *dano* seja consequência da atividade *culposa* de quem o produziu.

Não interessa ao Direito Civil a atividade ilícita de que não resulte prejuízo. Por isso, o dano integra-se na própria estrutura do *ilícito civil.* Não é de boa lógica, seguramente, introduzir a função no conceito. Talvez fosse preferível dizer que a produção do dano é, antes, um requisito da *responsabilidade* do que do *ato ilícito.* Seria este simplesmente a conduta *contra jus,* numa palavra, a *injúria,* fosse qual fosse a consequência Mas, em verdade, o direito perderia seu sentido prático se tivesse de ater-se a conceitos puros. O *ilícito civil* só adquire substantividade se é *fato danoso.* Se alguém infringe intencionalmente regras de trânsito, mas não causa qualquer prejuízo, age contra direito, mas não comete *ilícito civil.*

A *culpa* integra necessariamente o conceito de *ato ilícito.* Não basta, com efeito, que alguém pratique ato *contra jus,* ou que cause dano a outrem. Para que esses atos sejam *ilícitos,* necessário se torna que o agente viole direitos de outrem, causando-lhe prejuízo por desvio de conduta. Contudo, a exigência do *elemento subjetivo,* como requisito indispensável à caracterização do ato ilícito, sofre contestação, por se admitir atualmente, em casos limitados, o dever de indenizar independentemente de culpa. Todavia, como já se esclareceu, a substituição do *fundamento da responsabilidade* não deve modificar o conceito de *ato ilícito.*

Por outro lado, lavram as maiores divergências, na conceituação da *culpa.*

Sendo o *ato ilícito* um *fato antijurídico,* a *violação da lei* e, concomitantemente, de um *direito subjetivo alheio,* é *condição* indispensável à sua configuração. Sem *injúria,* na acepção civilística do termo, não se consubstancia o *ilícito civil.* A ofensa injusta ao direito de outrem é, portanto, indispensável elemento à caracterização do *ato ilícito*. Desdobra-se, segundo a lição de Chironi,[7] em duas ideias, cada uma das quais tem sua importância especial, e das quais a última é limite da primeira: *a) a exterioridade da violação; b) a lesão do direito alheio*. A *violação* há de se cumprir por fato material, positivo ou negativo, que seja injusto, isto é, constitua lesão a direito alheio. Na sua caracterização entre o elemento *culpa*, porquanto, se a ofensa não resultar de comportamento culposo, *injúria* não temos.

De resto, é necessário que o fato danoso seja voluntário, dominável pelo agente, como diz Antunes Varela,[8] necessário não sendo que o quisesse ou soubesse das suas consequências. Não é ilícito, no sentido de fato gerador da responsabilidade, o ato praticado em estado de inconsciência não provocado. A omissão pode ser causa de dano indenizável, se havia obrigação de agir.

42. Modalidades do ilícito civil. No Direito atual, o *delito civil* está unificado na figura do ato ilícito, que compreende a violação culposa, *lato sensu*, do dever jurídico de não prejudicar outrem – *"alterum non laedere."*

Todavia, alguns Códigos desdobram-na, separando o *delito* propriamente dito do *quase delito*. Aquele corresponde ao *ato ilícito doloso;* este, ao *ato culposo*. Interessante, porém, é que, nesta última categoria, se compreendem os casos de responsabilidade nos quais a culpa de quem é obrigado a indenizar está *presumida* na lei.

Não mais se justifica a distinção entre *delito* e *quase delito*. Nenhuma diferença existe nas consequências do ato ilícito doloso ou culposo. Seja intencional a ação ou meramente imprudente, ou negligente, o efeito jurídico é o mesmo.

Não obstante, e pode-se, sem quebra da unidade conceitual do ato ilícito, reparar a conduta antijurídica intencionalmente adotada da que decorre da imperícia, negligência ou imprudência de quem causa o dano. No primeiro caso, há *dolo*. No outro, *culpa stricto sensu*.

Em Direito Civil, o vocábulo *culpa* emprega-se em sentido amplo, abrangente do *dolo*. Mas, a despeito da identidade de consequências, não é destituída inteiramente de interesse a distinção entre ato doloso e culposo, pois serve, quando menos, para destacar as hipóteses de *responsabilidade indireta*, que se apresentam, necessariamente, na faixa dos delitos estritamente culposos. Ademais, em grande número de atos ilícitos, exige-se que o agente não tenha previsto ou evitado o dano, enquanto, em outros, basta que haja culpa relativa ao ato em si. A distinção interessa apenas na qualificação dos primeiros, embora muitos lhe não atribuam importância por entenderem que é indiferente se a responsabilidade deriva da intenção ou da negligência do agente.

Não constituem atos ilícitos: *a)* os praticados em legítima defesa; *b)* os praticados no exercício de um direito regularmente reconhecido; *c)* deterioração ou

---

7   **La culpa en el derecho civil moderno**. t. I, p. 86.
8   **Direito das obrigações**. p. 211.

destruição da coisa alheia, **(RA)** ou a lesão a pessoa **(RA)**, a fim de mover perigo iminente.[9]

(RA) Neste último caso, a ilicitude somente é afastada quando a destruição da coisa ou a lesão à pessoa se tornam absolutamente necessárias para afastar o perigo sobre a pessoa do agente **(RA)**.

43. Delito civil e delito penal. Porque fundados em ideias totalmente diferentes, o *delito civil* e o *delito penal* distinguem-se nitidamente. O *delito penal* consiste na violação de preceito instituído em defesa da sociedade, reprimida com uma *pena*. O *delito civil* – ato ilícito – na infração de norma de tutela de interesse privado. A sanção imposta ao transgressor visa a restituir a integridade do direito lesado, consistindo no dever de reparar o dano causado. No fundo, a distinção resume-se a uma questão de *avaliação*. O mesmo fato contrário ao direito pode ser apreciado por dois critérios, próprios da legislação civil e da legislação penal, constituindo simultaneamente *crime* e *ato ilícito*. Não há, porém, maior dificuldade em qualificá-lo, incluindo-o numa só, ou nas duas esferas, porque os atos penalmente puníveis estão *taxativamente* previstos na *lei penal*. Fora dessa previsão não há *crime,* pois o *Direito Penal* assenta no princípio *nullium crimen sine lege*. Na qualificação do *ato ilícito,* basta que um interesse privado seja atingido em consequência da conduta culposa de alguém. Se do fato material da violação de um dever jurídico resulta dano, o delito está caracterizado. Saleilles esclareceu excelentemente a distinção nesse ponto, mostrando que os *elementos materiais do delito civil* não precisam ser fixados legislativamente, pois resultam de toda violação de um interesse privado tutelado pelo Direito.[10]

Contudo, a distinção baseada na repercussão do dano é contestada por alguns,[11] para os quais o fundamento da responsabilidade penal e da responsabilidade civil é o mesmo, variando simplesmente as condições que as determinam.

Qualquer que seja, porém, a diferenciação, a verdade é que são diversos os pressupostos das duas espécies de responsabilidade, bem como as consequências decorrentes das duas modalidades de ilícito. Ademais, a ação civil se transmite passivamente aos herdeiros do agente e os prazos de prescrição da ação penal são diversos.

Tendo em vista essas diversidades, indaga-se a respeito da *influência recíproca* das *jurisdições civil e criminal*. Consiste o problema em saber se, quando o ato é ao mesmo tempo delito civil e delito penal, a sentença proferida num desses Juízos repercute decisivamente no outro. Não há dificuldade na sua solução, senão quando a sentença criminal absolve. Duas tendências doutrinárias adversas se desenvolve-

---

9   **(RA)** Art. 188, parágrafo único, CC/02: "No caso do inciso II, o ato será legítimo somente quando as circunstâncias o tornarem absolutamente necessário, não excedendo os limites do indispensável para a remoção do perigo" **(RA)**.
10   **L'obligation**. p. 356. Gaudemet esclarece: "Para que um fato dê lugar a outro de responsabilidade, não há necessidade de estar especialmente previsto e definido na lei."
11   DIAS, Aguiar. **Da responsabilidade civil.** v. I, p. 11.

ram, inspiradas nas considerações de Merlin e Touller. Para o primeiro, a sentença proferida no Juízo criminal faz coisa julgada no civil, quanto à existência do delito e à sua imputação. Em consequência, não é mais permitido disputar no Juízo cível sobre a existência do fato, ou a autoria do delito. Ocorreria, para esse autor, a coisa julgada, por haver identidade de causa, de objeto e de partes. Justificava este derradeiro requisito com a alegação de que o Ministério Público é o representante de toda a sociedade. Touller impugnou essa doutrina, demonstrando, em sua réplica, que faltavam os requisitos para que se pudesse atribuir à sentença criminal o efeito de coisa julgada. Dois dos três requisitos não se preenchem: a identidade de partes e a identidade de objeto. Mas Touller não se limitou à impugnação. Pretendeu justificar a absurda tese de que a sentença criminal não deve ter qualquer influência no cível. A ser admitida, comprometeria até, como já se disse, a seriedade das decisões judiciais. Realmente, o conflito entre sentenças que apreciam o mesmo fato, uma negando e a outra afirmando sua existência, uma recusando a autoria do delito e a outra aceitando-a, criaria situação embaraçosa. Inclinou-se a doutrina, por isso, para a conclusão de Merlin, negando-lhe, porém, os fundamentos. A decisão proferida no Juízo criminal tranca o Juízo civil toda vez que declarar inexistente o fato imputado ou disser que o acusado não o praticou. Quando, porém, como bem esclareceu Mendes Pimentel,[12] "a absolvição criminal teve motivo peculiar ao direito ou ao processo penal, como a inimputabilidade do delinquente ou a prescrição da ação penal, a sentença criminal não obsta ao pronunciamento civil sobre a reparação do dano". Foi esta a doutrina aceita pelo legislador pátrio ao declarar que não se pode mais questionar sobre a existência do fato, ou quem seja seu autor, quando estas questões se acharem decididas no crime. Voltando à errônea técnica espalhada por Merlin, o Código de Processo Penal dispõe que faz coisa julgada no cível a sentença penal que reconhecer ter sido o ato praticado em estado de necessidade, em legítima defesa, em estrito cumprimento de dever legal ou no exercício regular de direito. Dir-se-ia mais corretamente, como disse Aguiar Dias, que, nesses casos, a sentença criminal produz *efeito preclusivo* sobre a reparação do dano.

Quando a sentença penal *condena,* sua influência sobre a ação civil é peremptória. A própria sentença criminal pode ser executada no Juízo civil, se do crime resultou dano.

A sentença civil não exerce qualquer influência no Juízo criminal, condene ou não o réu na ação da reparação.

---

12 *Apud* DIAS, Aguiar. Ob. cit. v. II, p. 387.

Capítulo 7

ELEMENTOS DO ATO ILÍCITO

> **Sumário: 44.** Conceito de culpa. **45.** Modificações do conceito clássico de culpa. **46.** Qualificação do ato ilícito. **47.** Graus da culpa. **48.** Apreciação da culpa. **49.** Culpa presumida. **50.** Imputabilidade. **51.** Conceito de dano. **52.** Dano patrimonial e extrapatrimonial. **53.** Dano direto e indireto. **54.** Nexo causal.

44. Conceito de culpa. A conduta do agente deve ser apreciada para qualificação da ofensa ao direito alheio. Não é toda violação de preceito legal que constitui *ato ilícito,* ainda quando produz lesão ao direito subjetivo de outrem. O que faz da violação um *delito civil* é o fato de ter sido *culposo* o ato lesivo.

A noção de *culpa* tem, consequentemente, fundamental importância na caracterização do *ato ilícito.*

Em *Direito Civil,* a *culpa* abrange a *culpa stricto sensu,* isto é, a *omissão de diligência,* e o *d*olo, ou seja, a "preordenação do fato ao evento danoso".

Se bem que a noção de *culpa* deva ser enunciada em termos precisos, por ser o critério de imputação da responsabilidade, reina a maior confusão na doutrina, em face da tendência para alargá-la com vistas a favorecer as vítimas de danos, que estariam desamparadas, em muitos casos, a prevalecer o conceito clássico. Apesar dos abalos que tem sofrido, resiste às tendências inovatórias, razão por que importa deduzi-lo antes de expor as novas concepções.

No sentido clássico, a *culpa* é o elemento do *ato ilícito,* que representa, no dizer de Chironi, o termo pelo qual a ação ou a omissão se liga à conduta do agente, dando existência ao quase delito.[1] Trata-se, portanto, de um desvio do comporta-

---

1   **La culpa in el derecho civil moderno.** t. II, p. 107. A culpa, ao contrário da ilicitude, atende aos aspectos subjetivos da conduta do agente e às circunstâncias *concretas* que rodearam a prática do ato. Antunes Varela, **Direito das obrigações,** p. 230, que salienta a importância prática da distinção exemplificando com as regras sobre a tutela da posse, a legítima defesa e as presunções de culpa.

mento. Tradicionalmente, a culpa comporta dois elementos, o *objetivo*, que existe no *fato*, e o *subjetivo*, no *agente*.[2]

Não se deve confundi-la com a *injúria,* nem com o *dano*. A identificação da *culpa* à *ilegitimidade do fato* representaria a equiparação da parte ao todo. A culpa é um dos elementos da *injúria*, que se junta ao fato material da lesão do direito alheio, para configurar o ato ilícito. É a culpa, enfim, que *qualifica a violação da lei.* Nem toda infração é culposa. A confundir-se *culpa* e *ofensa ao direito alheio*, ter-se-ia de admitir que qualquer violação de preceito legal proibitiva seria, *ipso facto,* culposa, como sustentou Leclercq, no pressuposto de que toda lesão ao direito de outrem constitui omissão de diligência. Deste modo, o elemento *culpa* seria absorvido pelo requisito da violação do direito alheio, perdendo a sua subjetividade.

Não se deve confundir, também, a *culpa* com o *dano*. Do contrário, bastaria comprovar a existência do fato *danoso* para inferir que houve conduta culposa, chegando-se à conclusão absurda de se considerar culposa a conduta de quem, embora causando dano, não tenha cometido violação de direito.

A verificação da *culpa* pressupõe estes dois elementos: a *ofensa* e o *dano*.

A ofensa ao direito alheio há de ser proposital, isto é, *dolosa*, ou resultar da falta de diligência, ou seja, *culposa, stricto sensu*. Se não for praticada nessas condições, o comportamento do agente será lícito. A *culpa* é precisamente a *ofensa* decorrente de conduta anormal, e não a ofensa em si.

Não basta, todavia. Exige-se ainda que, da conduta culposa do agente, resulte, para o ofendido, um prejuízo. Mas o *dano* não a caracteriza. É preciso apenas que ocorra para que o comportamento culposo adquira relevância no terreno do Direito privado. Não o qualifica a sua simples produção, até porque o *fato danoso* pode não ser ilícito. Não é suficiente, por fim, o nexo de causalidade entre o ato e o dano.

Em suma, é a *culpa* um elemento independente na estrutura do *ato ilícito*, que se traduz por fato ligado à conduta do agente, não se confundindo, portanto, com qualquer dos outros.

45. Modificações do conceito clássico de culpa. Desenvolveu-se em várias direções o movimento doutrinário iniciado no começo do século para amparar maior número de vítimas de danos, a maioria das quais estava desprotegida em face do conceito dominante de responsabilidade fundada na *culpa*. Uma das mais interessantes foi a modificação do conceito de culpa. Seguiram-se-lhe outros processos técnicos destinados a admiti-la em casos repelidos pela doutrina tradicional.

Dentre as modificações sugeridas, salientam-se as apresentadas por Saleilles e Leclercq.

Para Saleilles, *culpa* significa *nexo causal* entre o *ato* e o *dano,* confundindo-se, pois, com a causalidade. Exposto seu pensamento nesta síntese apertada, verifica-se

---

2 GAUDEMET. **Théorie générale des obligations**. p. 309.

que seu conceito é a própria negação da culpa, eliminado como se acha o elemento subjetivo.[3] Por isso, é justamente considerado um dos precursores da *responsabilidade objetiva*. Chega realmente à ideia de que muitos danos devem ser reparados, sejam ou não resultados de culpa, sustentando que a questão deve ser resolvida à base das ideias de *risco* e *proveito*. Josserand e Demogue desenvolvem essa doutrina, radicalizando-a, pois, no fundo, Saleilles desejava simplesmente modificar o conceito de culpa para substituir o critério tradicional de imputação da responsabilidade.

Leclercq é mais extremado, pois confunde a *culpa* com a *lesão ao direito alheio*.[4] Seu raciocínio é de que todo aquele que atenta contra o direito de outrem viola a obrigação de não lesar ninguém. Essa violação é necessariamente culposa. Mas, como ressalta à primeira vista, esse conceito de culpa conduz aos mesmos resultados a que se chega pela adoção da teoria objetiva.

Ampliou-se ainda a noção de *culpa*, admitindo-a sem imputabilidade moral, pela dispensa de relação imediata de causalidade entre o ato e o dano. É a *teoria da culpa preexistente*, consagrada em algumas legislações pela qual fatos anteriores ao determinante do dano são tidos como informativos da culpa do agente, o que permite responsabilizar quem comete ato danoso sem estar na plena posse de suas faculdades mentais.

Tais modificações do conceito de culpa indicam o receio de substituir o fundamento clássico da responsabilidade. Seus pugnadores procuram conservá-lo, mas, em verdade, o substituem, tal a significação que lhe emprestam. Mas, tanto na concepção de Saleilles como na de Leclercq, a *culpa* é definida em termos que, na verdade, traduzem a objetivação da responsabilidade, e, conforme observa Rouast, não se deveria continuar a falar de culpa nessas teorias, porque esvaziam o sentido da palavra.[5]

As tentativas para alargar o conceito de culpa, conquanto tenham concorrido para dar solução mais humana ao problema da **(RA)** chamada **(RA)** responsabilidade extracontratual, falharam, porque representam inadequado processo técnico para resolvê-lo em termos mais justos. Não é possível, com efeito, cortar a raiz subjetiva da culpa sem se opor à sua ideia. O elemento moral integra necessariamente o conceito. Para se julgar alguém culpado, é preciso verificar se o seu comportamento foi reprovável. Do contrário, pode a lei determinar que indenize o dano, mas não é possível afirmar que houve culpa.

Permanece, pois, a noção pura, o que não significa deva o Direito moderno ater-se à teoria clássica da responsabilidade subjetiva no rigor lógico de seus princípios e consequências, senão simplesmente que não se pode chegar a outros resultados por esse processo de subverter a noção de culpa, que elimina seu elemento

---

3   As ideias de Saleilles, expostas em diversos trabalhos, estão concatenadas por Massigli, num ensaio incluído no livro **L'õeuvre juridique de Raymond Saleilles.**
4   O conceito de Leclercq foi formulado, pela vez primeira, em audiência realizada na Bélgica, em 1927, no exercício de sua função de procurador. Deram-lhe desenvolvimento, adotando, Esmein e De Page, dentre outros.
5   Relatório geral no **I Congresso Internacional da Associação Henri Capitant**. p. 302.

essencial. A exigência da culpa como elemento da responsabilidade aparece, para os objetivistas, como o último vestígio da confusão entre a responsabilidade civil e a responsabilidade penal (Gaudemet).

Há, no entanto, situações nas quais a *responsabilidade* é admitida com fundamento na culpa, mas conceituada esta diferentemente do seu significado próprio, como sucede com prestações características de determinadas atividades empresariais, descumpridas por motivos internos, como o mau funcionamento de máquinas ou as faltas cometidas por empregados. Observa Trimarch que nesses casos é mais rigoroso o regime do inadimplemento, devendo aceitar-se a seguinte regra: toda disfunção da empresa, que seja objetivamente evitável através de medidas técnicas e organizativas particulares, é considerada culpável e é fonte de responsabilidade.

46. Qualificação do ato ilícito. O ato ilícito qualifica-se pela *culpa*.

Apesar da qualificação da conduta do autor de ato ilícito através desse critério de imputação, o conceito de culpa é de expressão difícil, como o atesta a crítica feita a quantos têm sido dados. Não é, porém, a fórmula exata que interessa, mas, sim, a elucidação dos elementos que caracterizam a *culpa* em determinado sistema legislativo.

O Código Civil pátrio não definiu a *culpa*, mas, ao considerá-la essencial à caracterização do *ato ilícito* (art. 159 **(RA)** do texto de 1916 e arts. 186 e 927 do atual **(RA)**), deu os elementos necessários à sua qualificação. Dispondo que fica obrigado a reparar o dano quem, por ação ou omissão voluntária, negligência, ou imprudência, violar direito **(RA)** e **(RA)** causar prejuízo a outrem, **(RA)** ainda que exclusivamente moral, **(RA)** o legislador brasileiro referiu-se, claramente, às duas espécies de ato ilícito, os dolosos e os culposos *stricto sensu*.[6] A conduta dolosa expressa-se na ação ou omissão voluntária; a culposa, pela negligência, ou imprudência, **(RA)** bem assim pela imperícia, se o dano resultar de atividade profissional que causar a morte do paciente, agravar-lhe o mal ou causar-lhe lesão ou inabilitá-lo para o trabalho **(RA)**.

Quanto ao *dolo,* não há dificuldade em caracterizá-lo, bastando verificar se o agente teve a intenção de provocar o resultado. Não é necessário que preveja suas ulteriores consequências. Indiferente, também, o motivo que inspira o ato, ou a finalidade visada.

Cumpre distinguir o *dolo direto do indireto*. Há dolo direto se o agente proceder com a intenção de provocar o dano que previu. Há dolo indireto se não tem ânimo de prejudicar, mas só que o dolo será consequência do resultado que quis alcançar. O dolo pode ainda ser eventual se o agente tem consciência de que praticou o ato podendo causar dano.

Mas, quanto à *culpa stricto sensu,* são necessários alguns esclarecimentos. No vocábulo *negligência,* que, em sentido amplo, compreende a *imprudência* e a *im-*

---

6   **(RA)** no texto de 2002, o legislador substituiu a alternativa "OU causar prejuízo" por uma aditiva "E causar dano". Esta modificação altera, substancialmente, a noção de ato ilícito civil **(RA)**.

perícia, reside toda a dificuldade de caracterizar o comportamento culposo, porque seu significado depende de outras noções, exigindo longas paráfrases para lhe dar o sentido em que é juridicamente empregado. Não basta dizer que negligência é omissão de diligência, porque, para qualificá-la, interferem vários critérios de referência. Melhor será esclarecer o sentido da palavra, dizendo que negligência é a inobservância das normas que nos ordenam operar com atenção, capacidade, solicitude, discernimento, consistindo a imprudência na precipitação, no procedimento inconsiderado, sem cautela, na afoiteza no agir.[7] Resumidamente, mas através de ideias aproximativas, pode-se dizer, com o mesmo autor, que *negligência é desídia, imprudência, temeridade, imperícia, falta de habilidade.*[8]

Quando, pois, alguém age desse modo, causando prejuízo a outrem, o ato é *ilícito.*

Não é preciso, finalmente, que o agente tenha podido prever o dano que poderia evitá-lo.

47. Graus da culpa. É clássica a tripartição da culpa. Admite-se a gradação: *grave, leve e levíssima.* Todavia, não é fácil distingui-las. Para definir os diversos graus, torna-se necessário encontrar um ponto de referência, que é, tradicionalmente, o tipo abstrato do *bom pai de família.* Se o agente se comporta levianamente, revelando falta de atenção, ou cuidado, que se exige de qualquer pessoa sensata, sua culpa será *grave.* Tão grosseira é a sua negligência, tão inconsiderado o seu procedimento, tão insensata a sua conduta, que chega a ser equiparada à de quem age com *animus injuriandi.* A culpa é leve quando o agente não se conduz com a negligência habitual do *bom pai de família,* isto é, do homem probo, reto, cuidadoso, prudente, ou seja, como dito em outra obra, a imagem da perfeição doméstica projetada na sociedade civil.[9] Finalmente, diz-se *levíssima* a culpa quando é mínimo o desvio do comportamento. Só uma pessoa altamente diligente não teria praticado o ato em iguais circunstâncias. Objetiva-se, por conseguinte, na omissão do cuidado que teria diligentíssimo *pai de família.*

A gradação da culpa interessa apenas como um dos traços distintivos entre a *culpa contratual* e *extracontratual.* Persiste a ideia de que na responsabilidade aquilina *in levíssima culpa venit.* Na responsabilidade contratual, *a culpa levíssima* não qualifica o ato para o efeito de suscitar o dever de indenizar.

(RA) Esta última observação não perde, totalmente, o cabimento no caso brasileiro, mesmo se considerando a opção do legislador de 2002 pela *teoria da unidade de responsabilidade civil,* porque o direito pátrio estabelece que a indenização mede-se pela extensão do dano, competindo ao juiz modulá-la, mensurando a proporção entre a gravidade da culpa e o dano. Entende-se, por isso, que o juiz

---

7 DIAS, Aguiar. **Da responsabilidade civil**. v. I, p. 135.
8 Ob. cit. p. 135.
9 Do autor, **A crise do direito**. p. 182.

há de decidir sobre o grau de *culpa*: se a *culpa* é *lata*, portanto próxima do dolo, o autor, conscientemente, afastou-se do comportamento zeloso mais comum do que aquele que emprestaria aos seus próprios bens jurídicos; se é *levis*, ocorre o meio-termo entre a *lata*, ou grande ou grave, e a *levíssima*, da Lex Aquilia, considerando-se que nesse grau encontra-se aquela *culpa* que exprime uma ação contrária àquela que requer cuidado maior do que aquele que o agente empregaria para cuidar dos seus próprios bens e não é justo que tanto se exija dele.

Ora, essa dosimetria o juiz deve fazer independentemente de o *dano* ser resultante do inadimplemento culposo de uma prestação de obrigação contratual que, além desta qualificação, tem consequências jurídicas específicas, mas, também, violou direito do credor, por um *dano* diretamente nascido de *ato ilícito* originário como *fonte mediata* da obrigação *delitual*. Isto tudo em face da *teoria da unidade de responsabilidade civil* adotada pelo texto de 2002 **(RA)**.

48. Apreciação da culpa. Há dois critérios para a apreciação da culpa. Ou se afere a conduta do agente por um padrão estabelecido abstratamente, ou se leva em conta a *individualidade* do agente e as circunstâncias em que praticou o ato. Diz-se, na conformidade do primeiro critério, que a culpa se aprecia *in abstrato*; na do segundo, *in concreto*.

Na apreciação *in abstrato* da culpa, compara-se a conduta do agente à do homem diligente representado pela figura clássica *do bonus pater familias*. Esse tipo figurado serve como o modelo a que se deve ajustar todo indivíduo, se quer ter conduta irrepreensível. Se o comportamento do autor do ato não for o que teria, em iguais circunstâncias, esse tipo abstrato de homem diligente, é considerado culposo.

Na apreciação *in concreto*, consideram-se, em cada caso, as condições subjetivas do agente, seu *complexo individual*. Procede a observação de Demogue, de que a responsabilidade *in abstrato* é contrária ao ponto de partida da teoria subjetiva, representando, em verdade, uma concessão à teoria objetiva da responsabilidade.[10] De fato, se a culpa é o elemento psicológico determinante da responsabilidade, somente deveria ser apreciada em função das condições pessoais do agente, em cada caso concreto. No rigor da lógica, a concepção subjetiva conduz à *individualização da culpa*, visto que, se alguém somente deve ser considerado responsável quando o ato que praticou lhe pode ser moralmente imputável, não se compreende que se desprezem ou se ignorem suas condições pessoais.

Contudo, a preferência é pelo critério oposto, inclusive dos tradicionalistas. É verdade que a aceitação desse critério não importa no completo desprezo das circunstâncias de tempo, meio, classe social, usos, costumes e hábitos sociais, levando-se em consideração, por conseguinte, alguns elementos concretos.[11] Rigo-

---

10 **Traité des obligations en général**. v. III, n. 254.
11 LIMA, Alvino. **Da culpa ao risco**.

rosamente, porém, a apreciação *in concreto* da culpa deve levar em conta apenas as "circunstâncias internas" do agente, isto é, do seu estado de espírito, do seu caráter e dos seus hábitos. As de tempo e meio são externas, não entrando, pois, no coeficiente pessoal do agente.

A gravidade da culpa do agente influi, segundo a doutrina mais recente, na função reparadora da responsabilidade civil, no sentido de se admitir a redução da indenização se a causa de dano é um ato de mera negligência, de culpa leve. Passa-se a admitir, ferindo o princípio de que o dano deve ser cabalmente ressarcido, que ao juiz se deve conceder o poder de reduzir a indenização se houver excessiva desproporção entre o grau da culpa e o dano.

(RA) Essa observação foi acolhida pelo texto de 2002 ao determinar a já falada medição da indenização com a bitola da extensão do *dano*, assim considerada a proporção entre a gravidade da *culpa* e o *dano*, podendo o juiz promover a redução, equitativamente, dessa indenização **(RA)**.

49. Culpa presumida. Um dos processos técnicos utilizados para dar maior plasticidade à concepção subjetiva da responsabilidade é o reconhecimento de *presunções de culpa*. Através desse recurso, facilita-se a prova, sem se deslocar o fundamento da responsabilidade. Completa-se, por esse modo, o processo de alargamento iniciado com apreciação abstrata da culpa. Aceitando-se a ideia de *culpa presumida*, pode-se justificar a aplicação dos preceitos reguladores da responsabilidade extracontratual usando a noção de culpa, mas dispensando sua prova. Admitidas *algumas presunções*, a ação da vítima para obter a indenização é extremamente facilitada.

Mas esse processo técnico só alcança resultado satisfatório quando a presunção é absoluta, porque, desse modo, se suprime qualquer investigação da *culpa*. Tais presunções, no entanto, são, em maioria, *juris tantum*, isto é, admitem prova em contrário. Nestas condições, verifica-se apenas a inversão do ônus da prova. De qualquer sorte, a aceitação de *culpa presumida* importa alargamento do fundamento da responsabilidade, embora signifique, no fundo, sério arranhão no conceito puro da culpa. De fato, não se pode admitir culpabilidade em quem não praticou o ato. A *culpa legal* não cabe realmente no conceito clássico de culpa.

Todavia, as legislações filiadas ao sistema da responsabilidade subjetiva aceitam a *culpa presumida*.

O Código Civil pátrio seguiu essa orientação, firmando várias presunções.

É indispensável conhecer-lhe o mecanismo. Vigoram as presunções para justificar, principalmente, a responsabilidade de alguém pelo fato de outrem, por isso mesmo chamada *responsabilidade indireta*. Fala-se, então, em culpa *in vigilando* e *culpa in eligendo*.

Há *culpa in vigilando* quando a responsabilidade é imputada a quem é obrigado a vigiar a conduta de outrem. Presume-se culpado aquele que se descurou da vigilância. Trata-se de presunção *juris tantum*, dado que o agente se exonera da responsabilidade, se prova que lhe teria sido impossível evitar o fato danoso.

Há *culpa in eligendo* quando a responsabilidade é atribuída a quem escolheu mal – *male electio* – aquele que praticou o ato. Certas pessoas estão subordinadas a outras por uma relação jurídica que lhes confere um poder de ação, do qual pode advir dano a terceiro. Tais pessoas devem ser bem escolhidas, já que, por seus atos, responde quem as escolheu. Presume-se, por outras palavras, que são culpadas por terem escolhido mal.

Nas duas hipóteses, verdadeiramente, não há culpa, que há de ser por definição, *pessoal*, mas a lei, presumindo-a, está a admitir, em última análise, casos de responsabilidade nos quais o elemento subjetivo é praticamente dispensado. Contudo, não se pode dizer que são hipóteses de responsabilidade objetiva, pelo menos quando a presunção admite prova em contrário.

50. Imputabilidade. No conceito de culpa se integram dois elementos: a *ilicitude* e a *imputabilidade*. Compreende a intenção, ou negligência, e a contrariedade ao direito. Exige-se, assim, que o erro de conduta seja moralmente imputável ao agente.

A imputabilidade é a idoneidade psíquica do agente para querer e entender, em síntese, a capacidade de discernimento. Somente as pessoas nessas condições podem ser consideradas culpadas.

Não se deve confundir *imputabilidade* com *capacidade de agir*. Há pessoas legalmente incapazes para a prática dos atos da vida civil, mas que têm *discernimento*. Não se levam em conta, na apreciação da culpa, fatores que influem na *capacidade de fato*, aferindo-se a responsabilidade pela "aptidão do agente para agir racionalmente, medindo a importância e o alcance de seus atos". Distinguem-se, assim, *capacidade contratual* e *capacidade delitual*.

Pretende-se que a *imputabilidade* seja noção sem a menor valia para o conceito de culpa (Mazeaud). Parte tal juízo dos que subestimam o elemento moral na culpa, mas não deve ser aceito. Seria absurdo admitir-se como culposa a conduta de quem está com suas faculdades mentais gravemente perturbadas. Quem não tem discernimento não age com *culpa*. A primeira condição, pois, para saber se determinado ato é culposo consiste em verificar se o agente tem capacidade delitual. O erro de conduta há de ser praticado por pessoa capaz de querer e entender.

Isso não significa, porém, que a lei, considerando injusto o abandono da vítima em certas circunstâncias, nem porque o agente seja inidôneo psiquicamente, deixe de lhe impor a obrigação de reparar o dano que causou. Mas, do fato de estatuir essa obrigação, fundada em razões de equidade, não se pode inferir que haja *culpa* no fato do agente. Nem sempre o dever de indenizar resulta da prática do ato culposo. Uma coisa é admiti-lo independentemente de culpa, outra, forçar o conceito desta para configurá-lo em casos nos quais o desvio do comportamento normal não pode ser moralmente imputado a quem o cometeu.

51. Conceito de dano. Desenvolve-se tendência para considerar plausível o *dano moral* ao lado do *dano material*, que é eminentemente patrimonial. Por isso, escritores modernos definem o dano como a diminuição ou subtração de um bem jurídico (Formica), a lesão de um interesse (Trabucchi). Para haver *dano*, é preciso, intuitivamente, que a diminuição se verifique contra a vontade do prejudicado.

O *dano* consiste na diferença entre o estado atual do patrimônio que o sofre e o que teria se o fato danoso não se tivesse produzido[12] (*id quod interest*).

Por dois modos pode um patrimônio ser prejudicado: ou sofrendo efetiva diminuição ou privando-se de valores que seriam incorporados se a ação de outrem não houvesse criado o obstáculo ao ganho. Na primeira hipótese, o *dano* é *positivo*, na outra, *negativo*.

Quando a perda consiste em efetiva diminuição do patrimônio, designa-se pela expressão *damnum emergens*. Quando representada pela frustração do ganho, *lucrum cessans*. Do mesmo fato lesivo podem resultar dano emergente e lucro cessante. Não raro, porém, o dano é simplesmente positivo. Atinge o ativo do patrimônio, representado pelos direitos do seu titular, especialmente o de propriedade.

Os bens patrimoniais *danificados* em consequência de *ato ilícito* são considerados no seu *valor corrente* para efeito de indenização, mas ocorre às vezes a ampliação do dano, quando a coisa em determinadas circunstâncias adquire valorização subjetiva.

No conceito de *dano* integram-se as consequências do fato danoso, com certas limitações.

52. Dano patrimonial e extrapatrimonial. A rigor, não é possível falar em *dano extrapatrimonial*. Por definição, o *dano* é lesão no patrimônio de alguém, contra sua vontade. Mas no Direito atual desenvolve-se forte tendência para admitir a existência do *dano moral*. Entendem muitos que, se o atentado ao direito personalíssimo de alguém não produz qualquer prejuízo de ordem patrimonial, mesmo assim aquele que o sofreu deve ter direito a uma *satisfação* de cunho compensatório. As razões de equidade que a justificam levam a se admitir a inclusão do *dano extrapatrimonial* ao lado do *dano patrimonial*. Além, pois, do *damnum corpore corpori datum*, o dano moral.

Para defini-lo com precisão, cumpre distinguir a lesão ao direito personalíssimo que repercute no patrimônio da que não repercute. Ocorrem as duas hipóteses. Assim, o atentado ao direito à honra e à boa fama de alguém pode determinar prejuízos na órbita patrimonial do ofendido ou causar apenas sofrimento moral. A expressão *dano moral* deve ser reservada exclusivamente para designar o agravo que não produz qualquer efeito patrimonial. Se há consequências de ordem patrimonial, ainda que mediante *repercussão*, o dano deixa de ser *extrapatrimonial*. Indenizam-se essas consequências, produzindo-se o dano nesse caso, de *modo indireto*.

---

12   VON TUHR. **Tratado de las obligaciones**, trad. t. 1, p. 58.

Dano moral é, portanto, o constrangimento que alguém experimenta em consequência de lesão em direito personalíssimo, ilicitamente produzida por outrem.

A subordinação do *dano extrapatrimonial* às regras pertinentes aos efeitos do dano patrimonial proveniente do *ato ilícito* encontra opositores ferrenhos, cuja impugnação se resume a dois argumentos principais: 1º) o de que a dor não admite compensação pecuniária; 2º) o de que não é possível avaliar o dano moral (*pretium doloris*). Não obstante, prevalece atualmente a doutrina da *ressarcibilidade do dano moral*. Observe-se, porém, que esse dano não é propriamente *indenizável*, visto como indenização significa eliminação do prejuízo e das consequências, o que não é possível quando se trata de dano extrapatrimonial. Prefere-se dizer que é *compensável*. Trata-se de *compensação*, e não de *ressarcimento*. Entendida nesses termos a obrigação de quem o produziu, afasta-se a objeção de que o dinheiro não pode ser o equivalente da dor, porque se reconhece que, no caso, exerce outra função dupla, a de *expiação*, em relação ao culpado, e a de *satisfação*, em relação à vítima. Contesta-se, porém, que tenha caráter de *pena, impugnando-se*, pois, sua *função expiatória*. Diz-se que sua finalidade não é acarretar perda ao patrimônio do culpado, mas, sim, proporcionar vantagem ao ofendido. Admite-se, porém, sem *oposição*, que o pagamento da soma de dinheiro é um modo de dar *satisfação* à vítima, que, recebendo-a, pode destiná-la, como diz Von Tuhr, a procurar as satisfações ideais ou materiais que estime convenientes, acalmando o sentimento de vingança inato no homem.

Uma vez que não se trata propriamente de *ressarcimento*, o direito de reclamar a *compensação* caduca se a ofensa desaparece.

Nem sempre a *satisfação* é dada com pagamento da quantia arbitrada. Pode consistir em fato exigível do autor da ofensa, que represente compensação mais adequada, como no caso de retração pública de quem injuriou a vítima.

A reparação do *dano moral* está expressamente determinada em algumas legislações, enquanto outras silenciam a respeito. As que admitem podem ser classificadas em dois grupos. No primeiro, encontra-se preceituada numa disposição genérica, com a força de um princípio. Autoriza-se o juiz a atribuir à vítima uma soma de dinheiro a título de reparação moral, desde que ela sofra dano em seus interesses pessoais, considerados de gravidade especial. O Código suíço das Obrigações firmou esse princípio. No segundo grupo, enquadram-se os Códigos que só permitem a reparação do dano moral nos casos expressamente previstos. Tal foi a orientação seguida pelo Código Civil alemão, pelo Código das Obrigações da Polônia e pelo Código Civil italiano. Outros, finalmente, não contêm qualquer preceito alusivo ao *dano moral*.

(RA) O primeiro texto de Orlando Gomes sobre *dano moral* foi escrito em 1938. Concluiu, então, que algumas regras do Código Civil, texto de 1916 (arts. 1.547 e 1.551), nas quais os prosélitos de sua reparabilidade apoiavam-se para admiti-la, contudo, não forneciam, de modo algum, critério seguro para afirmar-se que, entre nós, era, sob o texto de 1916, indenizável o *dano moral*.[13] Manteve-se neste propósito quando escreveu no seu livro Obrigações, desta Editora, o seguinte trecho **(RA)**:

O Código Civil pátrio é omisso. A maioria dos escritores manifesta-se no sentido de que pode ser reparado. Não convencem, no entanto, as razões aduzidas em favor da tese. Procuram todos justificar a reparabilidade do dano moral esquadrinhando o Código para encontrar um preceito no qual se veja a consagração do princípio sob forma casuística, mas essa investigação não apresenta resultado aceitável. Trata-se, pois, de lacuna que deve ser preenchida, para a necessária atualização da lei civil, tanto mais necessária quanto procedem os argumentos invocados pelos partidários da responsabilidade. Já há lei, entretanto, que autoriza o ofendido pela calúnia, difamação ou injúria cometidas por meio de radiodifusão, a pleitear a reparação de dano moral.

(RA) O texto de 2002 do Código Civil pátrio, contudo, é expresso. Dispõe que comete *ato ilícito* quem, por dolo (ação ou omissão voluntária) ou por culpa *stricto sensu* (negligência ou imprudência ou imperícia), violar direito e causar *dano*, e estará obrigado a repará-lo mesmo que este seja, exclusivamente, *moral*.

A regra é classificar o *dano* em *material* quando o bem jurídico violado é do patrimônio físico da vítima; *corporal*, quando o bem jurídico é a própria integridade física da pessoa vitimada; *moral*, quando o bem corresponde a um atributo da vítima.

Antes de o Código perfilhar o *dano moral*, em 2002, a Constituição Federal de 1988 já o havia disciplinado. A lei maior estabelece a indenização para o *dano moral* se a violação é ao direito à *intimidade*, à *privacidade*, à *honra* ou à *imagem* das pessoas.

De logo, afirme-se que, constitucionalmente, os únicos bens imateriais contemplados são esses quatro, excluindo, pois, quaisquer outros, razão por que são os únicos aos quais se deve reconhecer proteção.

Por outro lado, salvo a *intimidade*, os demais são passíveis de proteção quando a pessoa é jurídica, até porque, quanto à *privacidade*, o Código Civil é expresso (art. 21, combinado com o art. 52) e, conceitualmente, é implícito ao dispor que a essa pessoa aplica-se a proteção dos direitos da personalidade, a exemplo: o direito ao nome que não pode ser empregado por outrem em publicações ou representações que exponham a pessoa a desprezo público, ainda que não haja intenção difamatória; o direito à *imagem* quando utilizada em escritos divulgados atingindo-lhe a *honra*, a boa fama ou a respeitabilidade ou se destinarem a fins comerciais.

Exclui-se a *intimidade* porque assim se entende o conjunto de elementos constitutivos da peculiaridade da pessoa humana, do seu patrimônio *intuitu personae*; típico; próprio do interior, do âmago dessa pessoa. Nestes termos, é estranho que pessoa jurídica tenha *anima*, alma. Já a *privacidade* consiste no conjunto de elementos exclusivos de uma pessoa, tomados de referência a outras tantas, compondo prerrogativas próprias preservadas do conhecimento público e, por isso, dado a

---

13 Cf. **Revista dos Tribunaes**. Bahia, anno XVI – v. 30 – n. 2, p. 115-123, set. e out. de 1938.

conhecer, apenas, a um grupo de convivência particular. A pessoa jurídica é titular desse bem imaterial.

A *honra* é o agir digno, isto é, a forma de convivência com os valores, socialmente adotados de moralidade, condicionando a ética exigida do comportamento de cada pessoa. Esta circunstância de reputação a pessoa jurídica tem, pois a sua forma de atuação social exige esse fundamento.

A *imagem* é o conceito identificador de cada pessoa no meio social, tanto que se associa a ela uma representação em razão da forma de sua atuação na sociedade. A pessoa jurídica ostenta-a.

A Constituição, por sua vez, quando o agente da violação é veículo de comunicação de massa, disciplina, especificamente, a *indenização* por *dano* material, *moral* ou à imagem, além do direito de resposta, proporcional ao agravo. Neste caso, há de entender-se que a medida da *extensão do dano* atina para uma *culpa lata*, porque o autor despreza os cuidados mais comuns aos bens alheios e lhe dá, conscientemente, zelo menor do que teria com os seus próprios, pois a repercussão de uma notícia atinge, sempre, proporções imponderáveis, especialmente se for pelos meios eletrônicos propiciados pela nova tecnologia informática.

Sistemas jurídicos como o nosso configuram-se com a preeminência da Constituição que, como *cabeça de capítulo*, serve de fundamento de validez de todas as outras normas que os compõem. Assim, o Código Civil, além não oferecer qualquer caracterização para o *dano moral*, também não escapa à sua submissão constitucional decorrente da hierarquia formulada no escalonamento imposto pelo fundamento de validez edificado sob a forma piramidal do ordenamento jurídico.

Consequentemente, o juiz há de ater-se à caracterização constitucional que, sob pena de indenização por *dano moral,* assegura a inviolabilidade da *intimidade*, da *privacidade*, da *honra* e da *imagem* das pessoas. Aqui se entende, então, que fora destes quatro bens imateriais, incorpóreos, não há como se falar em indenização por *dano moral*.

Os Códigos Civis alemão e italiano são bem os modelos para o regime jurídico adotado pelo Brasil quando aqui se faz do texto de 2002 integrativo da Constituição. Os arts. 253 (alemão) e 2.059 (italiano), à semelhança da lei constitucional brasileira, estabelecem, respectivamente, uma regra geral determinando que o *dano* não patrimonial somente seja ressarcido nos casos determinados em lei. Doutrinária e jurisprudencialmente, tem-se entendido, nesses países, que este *tipo* somente deve ser adotado no sentido de *dano moral*, quer dizer, o de sofrimento psicofísico **(RA)**.

53. Dano direto e indireto. Para o efeito de avaliação da responsabilidade, distingue-se o *dano direto* do *indireto*.

O *dano direto* é o que resulta do fato como sua consequência imediata. O *dano indireto* o que decorre de circunstâncias ulteriores que agravam o prejuízo diretamente suportado.

Não se confundem *dano indireto* e *lucro cessante*. Se, em consequência do *dano*, a vítima se vê privada de obter ganho que lograria com a utilização da coisa danificada, a frustração desse ganho constitui *lucro cessante*. O dono de um táxi, danificado por outrem, tem direito não somente à indenização do prejuízo efetivo que sofreu, mas, também, ao que deixou de ganhar durante o tempo em que o veículo ficou paralisado para o conserto. Nesse caso, o dano sofrido com a paralisação, que é consequência dos estragos no automóvel, não constitui *dano indireto*.

De regra, são indenizáveis apenas os *danos diretos*. Mas, em determinados casos, o autor do ato ilícito responde também pelos prejuízos decorrentes do concurso de circunstâncias supervenientes.

54. Nexo causal. Para o ato ilícito ser fonte da obrigação de indenizar é preciso uma *relação de causa* e *efeito* entre o ato (fato) e o dano. A essa relação chama-se *nexo causal*.

Se o dever de indenizar o prejuízo causado é a sanção imposta pela lei a quem comete *ato ilícito*, necessário se torna que o *dano* seja consequência da conduta de quem o produziu.

Não se exige, porém, que o ato do responsável seja a causa exclusiva do *dano*. Basta que entre as suas causas responda pela que determinou o prejuízo imediato. Não é preciso, do mesmo modo, que o agente tenha previsto suas consequências.

Indispensável é a *conexão causal*. Se o dano provém de outra circunstância, ainda que pela atitude culposa do agente tivesse de ocorrer, este não se torna responsável, uma vez que não há a relação de causa e efeito. Não basta, com efeito, que o dano pudesse sobrevir por efeito da conduta do agente, mas é preciso que se produza na realidade como consequência desta, e não de outro acidente.

O *nexo causal* pode estabelecer-se entre uma *abstenção* e um *dano*, no pressuposto de que aquele que não evita um fato danoso deve ser equiparado, para os efeitos jurídicos, a quem o pratica. Mas não se deve levar essa regra às suas últimas consequências, só se justificando sua aplicação quando aquele que se abstém, além de poder impedir o *dano*, estiver obrigado a evitá-lo.

Não é fácil a determinação do *nexo causal*. Em muitos casos, torna-se penoso saber até onde vai. Daí o esforço da doutrina para oferecer uma solução que facilite a tarefa do aplicador da lei quando se apresentam *causas sucessivas*. Antes de qualquer referência às teorias construídas com esse objetivo, impõe-se exame sumário das situações nas quais a dificuldade se apresenta.

Uma vez que deve existir relação de causa e efeito entre o ato e o dano, importa investigar o fato determinante do prejuízo quando *concorrem várias causas*, sucessiva ou simultaneamente. Para a sua determinação, a preferência dos autores se divide entre três critérios: 1º) o da *equivalência das condições*; 2º) o da *causalidade adequada*; 3º) o da *causalidade imediata*.

Pelo critério da *equivalência das condições*, qualquer dos fatos condicionantes pode ser tomado como causa eficiente do dano, dado que não se produziria sem a concatenação dos fatos de que afinal veio a resultar o prejuízo. Não é preciso, por conseguinte, que o dano seja consequência necessária e imediata do fato que concorreu para a sua produção. Basta verificar que não ocorreria se porventura o fato não tivesse acontecido. Pode não ser a causa imediata, mas, se for condição *sine qua non* para a produção do dano, equivale a qualquer outra, mesmo mais próxima, para o efeito de ser considerada causa do dano.

Pelo critério da *causalidade adequada*, considera-se causa do dano o fato idôneo a produzi-lo. A idoneidade afere-se pela inevitabilidade constante do efeito. Assim, a causa considera-se adequada quando o fato é apto para produzir o dano causado, de tal modo que qualquer pessoa medianamente discreta, colocada nas circunstâncias do autor, poderia prevenir o dano.[14] Quando, ao contrário, "o dano surge em consequência de circunstâncias extraordinárias que escapam à experiência corrente", não há causalidade adequada. Importa, por outras palavras, que o ato seja, *in abstrato*, a condição essencial da realização do dano.

Pelo critério da *causalidade imediata*, considera-se causa do dano o fato de que deriva mais proximamente. **(RA)** Orlando Gomes afirmava, contudo, que **(RA)** a teoria tem sido preconizada para resolver o problema no âmbito da *responsabilidade contratual*, **(RA)** expressão imprópria e, hoje, dispensável em face da adoção, pelo direito pátrio, da *teoria da unidade da responsabilidade civil*. Porém essa afirmativa, embora dispensável, é válida se se considerar que há o *dano indireto* oriundo da violação de direito do credor, em face do inadimplemento culposo da obrigação contratual **(RA)**. Diversas explicações, dentre as quais sobressaem as de Mosca e de Coviello, foram tentadas, mas não oferecem, em verdade, critério seguro. Contudo, a exigência do requisito de *imediatez* permite que se excluam os *danos indiretos* remotos, conforme a lição, ainda viva, de Pothier. O nexo causal se estabelece entre o dano e o fato que foi sua causa necessária, isto é, direta, no sentido de que não pode ser atribuída a outra.

O Código Civil pátrio acompanhou essa orientação. Ao estatuir regras a respeito das *perdas* e *danos*, prescreve que, em caso de inexecução contratual, só são indenizáveis os prejuízos efetivos e lucros cessantes ocorridos *por efeito direto e imediato do inadimplemento* (art. **(RA)** 403 **(RA)**). A regra pode ser aplicada à indenização do dano proveniente do ato ilícito **(RA)** *stricto sensu* **(RA)** e, portanto, à **(RA)** chamada **(RA)** responsabilidade extracontratual, desde que não seja aplicada com absoluta literalidade, **(RA)** isto porque o texto de 2002 não disciplina diferentemente a indenização porque adota a *teoria da unidade de responsabilidade civil* **(RA)**.

---

14   VON TUHR. Ob. cit. p. 70. É o caso, para exemplificar, de quem vem a falecer após ter sofrido lesões corporais que normalmente não provocam a morte da vítima, mas a esse resultado conduziram por desleixo desta ou por ter contraído, no hospital, uma doença que nada tenha a ver com os ferimentos recebidos.

O mesmo dano pode ser produzido por *várias pessoas*. Nesse caso, verificam-se três hipóteses de causalidade: 1ª) *comum*; 2ª) *concorrente*; 3ª) *alternativa*. A *causalidade* é *comum* quando várias pessoas cooperam na produção do dano, seja porque agiram coletivamente, seja porque são coautores. Neste caso, respondem solidariamente. Há *causalidade concorrente*, segundo a definição clara de Enneccerus, quando duas ou mais pessoas causam o mesmo dano mediante ato que realizam independentemente uma da outra, mas de tal modo que o dano se verificaria, com a mesma extensão, pelo ato isolado de qualquer delas. A causalidade pode ser ainda *alternativa*. Mas, nesse caso, sendo impossível provar a autoria do dano, que tanto pode ter sido produzido por um ou outro, não se concretiza a responsabilidade. Da *causalidade alternativa*, deve-se distinguir a situação que se configura pela participação de várias pessoas em um ato em cuja execução um dos participantes causa um dano; neste caso, todos respondem.

A *prova do nexo causal* incumbe a quem pretende a *indenização*.

Por último, tenha-se em mente que o *fato danoso* deve emanar de uma pessoa livre e consciente dos seus atos. Havendo discernimento na sua comissão, a responsabilidade é integral, pois em direito civil não procede, como no penal, qualquer distinção segundo o grau de culpabilidade.

Além da saúde mental e da idade, **(RA)** que modulam a indenização **(RA)**, são causas de *exoneração* do dever de indenizar:

a) *a força maior;*

b) *a culpa exclusiva da vítima.*

O fato danoso pode resultar, finalmente, do exercício de um direito, mas, ainda assim, entende-se atualmente que pode gerar responsabilidade em certas circunstâncias, tal como definidas na *teoria do abuso de direito*.

A certas categorias de pessoas impõe a lei *deveres especiais*, como os de *vigilância*, *guarda* e *controle*. Sua infração determina a responsabilidade do infrator por fato danoso causado pelos indivíduos ou coisas que estão adstritas a vigiar, guardar ou controlar.

Capítulo 8

RESPONSABILIDADE (RA) CIVIL (RA)

Sumário: 55. Delimitação do assunto. **56.** Evolução da teoria da responsabilidade. **57.** Persistência da culpa. **58.** Legitimação. **59.** Conteúdo da relação obrigacional. **60.** Espécies de responsabilidade civil.

55. Delimitação do assunto. O estudo da responsabilidade civil relacionado à teoria dos atos ilícitos tinha razão de ser no sistema das relações econômicas de épocas ultrapassadas. Hoje, o número e a medida dos danos, que não podem ser reconduzidos ao fato voluntário de uma pessoa, aumentaram consideravelmente e assim tiveram de encontrar substancial compensação, como nota Rescingno,[1] no sistema de seguros, particularmente de responsabilidade civil, no qual se transfere ao segurador o peso da indenização. Ainda realizado através de contratos com empresas particulares, tende o seguro a tornar-se *social*, para todos e para qualquer espécie de dano, de tal sorte que se alcance a *socialização* da responsabilidade. Os temores de que semelhante técnica afrouxará a preocupação dos indivíduos por manter conduta lícita cedem à conscientização de que se deve garantir ao lesado uma indenização, independentemente das circunstâncias e fatores que possam impedi-la.

A despeito dessa tendência, continua a ter interesse o exame do regime tradicional, só substituído em parte.

Nem todas as pessoas que causam prejuízos a outrem estão obrigadas a indenizá-lo. Nem todo dano deve ser ressarcido. É preciso saber, pois, em que circunstâncias nasce a obrigação de reparar o dano causado e que prejuízos são indenizáveis.

Essas indagações encontram respostas na *teoria da responsabilidade civil*, em seus termos clássicos e na evolução que os modifica.

A *obrigação de indenizar* o dano causado pode surgir:

---

1   Ver Cap. 13. Se bem que resulte também da violação de obrigação que tenha como causa geradora um negócio jurídico unilateral, a declaração unilateral de vontade ou um fato do qual faz a lei produzi-la apresenta-se principalmente com a infração de obrigação proveniente de contrato, nascendo ordinariamente de uma omissão (não cumprimento). **Manuale di diritto privato italiano**. p. 642.

a) do inadimplemento de obrigação negocial ou *ex lege;*

b) da lesão a direito subjetivo, sem que entre o ofensor e a vítima preexista qualquer relação jurídica.

Na primeira hipótese, **(RA)** em face da *teoria da unidade de responsabilidade civil,* impropriamente, **(RA)** diz-se que a *responsabilidade é contratual;* na segunda, *extracontratual* ou *delitual.* Nas duas, a lei impõe ao autor do *dano* uma *obrigação* que tem por objetivo a *prestação de indenização.* **(RA)** Por isso, o texto de 2002 aceita essa *teoria da unidade,* dispensando-se essa *dicotomia,* tal como já se expôs, linhas atrás, e perfilha as ideias que o autor já expressava, conforme se lê, nas linhas seguintes: **(RA)**

Embora tal obrigação seja a mesma, diferem as duas espécies de responsabilidade, notadamente quanto ao *fundamento,* à *razão de ser* e ao *ônus da prova.*

A *responsabilidade contratual* é um capítulo da *inexecução das obrigações,* onde foi apreciada.[2] Para surgir, é preciso que a obrigação violada tenha sua fonte no contrato, ou, como diz Mazeaud, que a violação não seja de um dever independente do contrato.

Em sentido próprio, a *responsabilidade,* **(RA)** *que se vinha chamando de* **(RA)** *extracontratual,* é tradicionalmente o aspecto mais interessante da *teoria dos atos ilícitos,* mas a tendência moderna, para alargar o campo das obrigações de indenizar danos sofridos pelas pessoas não ligadas por uma relação jurídica anterior, dilata erroneamente a órbita da *responsabilidade delitual* propriamente dita, atraindo casos nos quais se entende ser justa a imposição legal do dever de reparar o prejuízo, mas em que a eliminação da culpa impossibilita a inclusão entre os *atos ilícitos.* Nessas hipóteses, cada dia mais numerosas, não se deveria falar em *responsabilidade delitual,* porque, em verdade, não se compreende seja alguém responsável por ato que não praticou culposamente. Não obstante, a tendência assinalada conduziu a doutrina a inserir na *teoria da responsabilidade extracontratual* os casos nos quais o dever de indenizar é idêntico ao que surge da prática de *ato ilícito.* E, para distinguir semelhante responsabilidade da autêntica, denomina-a *objetiva.* Nessa ordem de ideias, distinguem-se nitidamente duas espécies de *responsabilidade civil extracontratual,* a que se funda na *culpa,* chamada *subjetiva,* e a que abstrai esse elemento na justificação do dever de indenizar, denominada *objetiva.*

Esse equívoco tem concorrido para retardar o esplêndido movimento que visa a colocar em outra perspectiva o problema da reparação dos danos extracontratuais. Apegados à ideia de *responsabilidade,* seus partidários encontram pela frente séria objeção. Não há como considerar alguém responsável sem culpa. Contudo, não é preciso declarar essa pessoa *responsável* para lhe impor, em dadas circunstâncias, a mesma obrigação de reparar um dano. Razões de equidade justificam se lhe imponha esse dever, mas não porque tenha propriamente responsabilidade. O

---

2   Cf., do autor, **Obrigações**. 17. ed., 4ª tiragem, rev. atual. e aumentada, de acordo com o Código Civil de 2002, por Edvaldo Brito. Rio de Janeiro: Forense, 2009, p. 183 e segs.

de que mister se faz é libertar o jurista dessa ideia de *responsabilidade*, a que se conserva preso, porque, em outros tempos, se entendeu necessário um comportamento culposo para justificar a obrigação de reparar o dano.[3]

O teor da vida moderna mostrou a insuficiência da ideia de *culpa* para legitimar o dever de indenizar prejuízos dignos de reparação que, todavia, não resultam de atos ilícitos propriamente ditos. Multiplicam-se, com efeito, as situações nas quais precisa alguém obter reparação do dano sofrido sem que haja a quem se possa atribuir a *responsabilidade* do fato danoso, no sentido genuíno da palavra, mas a quem, por outras razões, se pode determinar a obrigação de ressarci-lo. Tende-se, porém, para estender o conceito de responsabilidade até aos casos em que o dano resulta da prática de ato lícito.

Toda a evolução no sentido da impropriamente chamada *responsabilidade objetiva* denota a imprestabilidade do conceito de culpa para a solução dos casos que reclamavam a atribuição do dever de indenizar independentemente da comprovação do erro de conduta do agente.

As duas espécies de responsabilidade têm pontos comuns, como a obrigação de indenizar e a solução dos problemas da culpa, da causalidade, da extensão do dano e dos modos de repará-los. Distinguem-se, todavia, quanto ao ônus da prova e às cláusulas de não indenizar.

A tendência atual é no sentido de resolver o problema da responsabilidade civil pela organização de amplo e eficiente *sistema de seguros*, sociais e privados. Pelo *seguro,* transfere-se ao segurador o desembolso da indenização devida pela prática do ato ilícito, permitindo-se que o prejudicado a receba, mesmo quando o ato danoso é de origem incerta ou o devedor se tornou insolvente. O *seguro obrigatório* já é adotado como um ônus imposto aos donos dos veículos automotores. Conquanto se justifique politicamente a socialização dos seguros, críticas e reservas se fazem a essa tendência pelo receio de que desgastaria o fundamento de índole moral da responsabilidade pela culpa e esvaziaria o empenho de diligência e controle dos indivíduos.[4]

56. Evolução da teoria da responsabilidade. A insuficiência da noção de culpa como fundamento da responsabilidade apresentou-se mais ostensivamente com a frequência dos acidentes de trabalho em consequência da introdução de processos mecânicos na técnica de produção. O operário ficava desamparado diante da impossibilidade de provar a culpa do patrão. A injustiça que esse desamparo representava despertou a atenção de juristas, provocando o reexame do problema da responsabilidade civil. Para atender a esse imperativo de equidade, procuraram, a princípio, empregar processos técnicos que abrandassem o rigor lógico do

---

3   Era persistente resíduo das legislações primitivas, que confundiam a responsabilidade civil com a penal. Nem mesmo o direito romano, com as ações *rei persecutoriae*, se libertou inteiramente da confusão. Consultar GAUDEMET. **Théorie générale des obligations**. p. 300.
4   RESCIGNO. **Manuale del diritto privatto italiano**. p. 644.

princípio, sugerindo, dentre outros, a inversão do ônus da prova. Ainda assim, o resultado não satisfez. O movimento ganhou, então, maior arrojo com a doutrina preconizada por Saleilles, através da qual a própria noção de culpa é alargada sob fundamento de que o Código Civil empregara a palavra em dois sentidos, num dos quais se confundia com o *nexo causal*. Foi, sem dúvida, passo audacioso, mas curto, sobre ser falso no terreno doutrinário, por importar numa absurda conciliação da nova ideia com a doutrina tradicional. Ao emprestar novo significado à *culpa*, Saleilles mais não fez do que eliminá-la da responsabilidade, querendo conservá-la com seu fundamento. O rompimento com a tradição veio a se dar sob a influência das ideias de Josserand, que, com maior audácia, reclamou a substituição da culpa na teoria da responsabilidade. Ele próprio relata a evolução da teoria, numa síntese que merece ser reproduzida em linhas gerais, pois que ninguém a apanhou melhormente.[5] De início explica as causas do movimento revisionista, reputando essencial a frequência dos acidentes, em razão das transformações materiais da sociedade pelo progresso mecânico. A multiplicação dos riscos a que ficou exposta a vida do homem em consequência dessas transformações determinou a necessidade da proteção jurídica contra insegurança material, inspirando medidas que oferecessem a garantia de que a vítima de danos produzidos, inclusive por desconhecidas causas, não ficaria desamparada. O dogma milenar da responsabilidade baseada na culpa condicionava meios jurídicos impotentes para satisfazer essa necessidade de segurança. Tornou-se impraticável, as mais das vezes, provar a culpa do autor do dano. A reação contra esse estado de coisas manifestou-se através de processos diversos, que Josserand reduz a quatro, a saber:

1º) a admissão da existência da culpa mais facilmente;

2º) o reconhecimento de presunções de culpa;

3º) a substituição da culpa pelo risco na determinação da responsabilidade;

4º) a colocação da vítima numa situação mais favorável quanto à prova.

Dessas direções, que o movimento de reação tomou, a mais radical é da eliminação, na responsabilidade, da própria ideia de *culpa*. Importa a substituição do ponto de vista *subjetivo* pelo *objetivo*. Segundo a nova concepção, quem quer que crie um *risco* deve suportar as consequências. Abstrai-se completamente a *culpa*. A ideia de que a produção do dano, nessas condições, deveria obrigar à sua reparação por parte de quem criou o perigo correspondia à necessidade de segurança, e, em pouco, seria consagrada legislativamente. Dissociando inteiramente a responsabilidade da culpa, processou-se verdadeira revolução em matéria de responsabilidade civil, que passou a comportar dois polos, o polo objetivo, onde reina o risco criado, e o polo subjetivo, onde triunfa a culpa, girando toda a teoria em torno desses dois polos.[6]

---

5   L'Évolution de la théorie de la responsabilité. In: **Evolutions et actualités**. p. 27.
6   JOSSERAND, conf. cit.

Posto se atribuía à ciência jurídica francesa o mérito de ter introduzido as modificações na teoria da responsabilidade civil, reclamam alguns a primazia do movimento renovador para a doutrina germânica, que se teria inspirado em ideias desenvolvidas no século XVIII, por adeptos da Escola do Direito Natural.[7] A primeira exposição sistemática da teoria da responsabilidade sem culpa, feita em 1888, fundada no princípio *ejus est commodum cujus est periculum*, sustentava que os danos oriundos de acidentes inevitáveis na exploração de uma empresa deviam ser incluídos nas despesas do negócio. Contém já a ideia de *risco* como fundamento da obrigação de indenizar. Outras tentativas de justificação da responsabilidade sem culpa[8] giram em torno dessa mesma ideia de que deve sofrer as consequências de sua atividade todo aquele que a desenvolve em seu interesse. Completa-se, pois, o movimento para a introdução de um novo conceito de responsabilidade, associando-se, à ideia de *risco,* a de proveito.

Mas, apesar dos progressos da teoria da *responsabilidade objetiva*, não se pretendeu, jamais, tomasse o lugar da *responsabilidade subjetiva.* Sempre se advogou a sua adoção nas hipóteses em que o princípio da responsabilidade fundada sobre a culpa se revela insuficiente. A bem dizer, os casos de responsabilidade baseada no *risco,* por mais numerosos que sejam, continuam a ser exceções abertas ao postulado tradicional da responsabilidade subjetiva.

Por outro lado, a chamada *responsabilidade de equidade*, consagrada no Código Civil alemão,[9] e aceita pelo Código Civil italiano **(RA)** e pelo texto de 2002 do Código brasileiro **(RA)**, constitui, por igual, exceção à regra da responsabilidade baseada na culpa. Admitem esses Códigos que, em circunstâncias especiais, o juiz, levando em consideração a situação da vítima, pode condenar o autor do dano a repará-lo, ainda que o considere irresponsável. As disposições legais que conferem esse poder à autoridade judicial firmam preceito de evidente caráter excepcional, embora tenham aberto profunda brecha no sistema tradicional da responsabilidade, ao admitirem a eliminação da imputabilidade, permitindo que a obrigação de indenizar o dano seja imposta, por exemplo, a um alienado, vale dizer, abstraindo a ideia de culpa, descabível que é nas pessoas que não têm capacidade de querer e entender.

A teoria da responsabilidade objetiva tem criado situações excessivamente onerosas para os que são obrigados a indenizar. Para corrigi-las vem-se admitindo limitação quantitativa da indenização e o seguro, na forma de *socialização* dos riscos. Daí a tendência para ampliar o *seguro obrigatório*.

---

7   DIAS, Aguiar. **Da responsabilidade civil**. v. I, p. 50. Ver a obra de Mataja, e, na Itália, a de Orlando, publicada em 1894. As de Saleilles e Josserand são de 1897.
8   Ver o resumo de algumas dessas teorias. In: DIAS, Aguiar. Ob. cit. p. 5 e segs.
9   Art. 829. O louco e o menor sem discernimento podem ser obrigados a reparar o dano que tenham produzido, nos limites em que, segundo as circunstâncias e a posição do interessado, a equidade reclama uma indenização.

57. Persistência da culpa. Após rigorosa análise dos principais Códigos, *Rouast* conclui que a *culpa* continua a ser o princípio fundamental do direito da responsabilidade delitual, observando que os pregoeiros da doutrina oposta já renunciaram à ambição dos iniciadores desse movimento doutrinal de abolir a investigação da culpa em todo processo de reparação de danos.[10]

Realmente, apesar da multiplicação dos casos submetidos ao princípio da responsabilidade objetiva, permanece, como regra geral, o preceito que condiciona a obrigação de reparar o dano à culpa do agente. Não foi arredado sem embargo da adoção de processos técnicos que elastecem consideravelmente sua aplicação. Nem é possível a substituição pelo *risco,* porque esta ideia não comporta a mesma generalização. Ainda que se multipliquem as situações nas quais a obrigação de indenizar seja imposta independentemente da culpa, a solução continuará com o caráter de exceção que possui atualmente. É que a ideia de culpa não pode ser dissociada do conceito de delito. Afora, pois, os casos especificados na lei, nos quais o dever de reparar está previsto e determinado com abstração da conduta do obrigado, a responsabilidade há de resultar de investigação dessa conduta para a verificação de sua anormalidade. Sempre que se quiser atribuir esse dever sem esse pressuposto, há necessidade de especificá-lo na lei. Assim, a questão teria solução extremamente casuística, se porventura se viesse a suprimir a fonte genérica e abstrata da responsabilidade, que é a *culpa.*

Persiste, pois, como fundamento da responsabilidade civil. O próprio Josserand proclama que o conceito de *risco* não expulsou o de *culpa*, que se conserva como a base normal e geral da responsabilidade. Seu primado continua a ser reconhecido nas legislações, perdidas, embora, a rigidez e a pureza da conceituação clássica.

A fim de evitar confusão disseminada, conviria reservar a expressão *responsabilidade delitual* para significar as consequências que a lei faz derivar da prática de um ato ilícito, que, por definição, há de ser culposo. Rigorosamente, só nesses casos se pode falar, com propriedade, em *responsabilidade*. Nos outros, seria mais correto designar-se o dever genérico de reparar o dano pelo vocábulo *garantia*, por se tratar de medida adotada pela lei para a *segurança* jurídica de todos ou de determinada categoria de pessoas. Está divulgado, porém, o uso da expressão *responsabilidade objetiva* para designar as consequências impostas na lei para as situações que se assemelham às que admitem a verificação da culpa do autor do dano. Nessas condições seria, quando muito, *responsabilidade extracontratual*, mas não *delitual*.

O direito pátrio baseia na culpa a responsabilidade delitual, **(RA)** conforme o texto de 1916 do Código Civil entendia, assim, aquela nascida do *ato ilícito stricto sensu*, mantida a noção pelo texto de 2002 **(RA)**.

Nenhuma dúvida se pode ter, com a leitura do *art. 159* do Código Civil, **(RA)** texto de 1916, bem assim da leitura dos arts. 186 e 927 do texto atual, **(RA)** de

---

10   In **Anais do I Congresso Internacional da Associação Henri Capitant**. p. 297.

que aceitou a *teoria subjetiva*. Contudo, alguns escritores sustentam que, **(RA)** no domínio do texto de 1916, **(RA)** em certas disposições, **(RA)** desse texto, ele **(RA)** acolheu a doutrina objetiva, como se verá adiante. O fato de ter sido consagrado o princípio da responsabilidade baseada na culpa não significa que, em nosso direito positivo, inexistam regras consagradoras da responsabilidade fundada no risco. Leis especiais, como dentre outras a de acidente de trabalho, adotaram a concepção objetiva; **(RA)** daí as disposições do parágrafo único, primeira parte, do art. 927 do texto de 2002 **(RA)**.

58. Legitimação. Da prática de um *ato ilícito*, a lei faz derivar a *obrigação de indenizar*. Importa saber, por conseguinte, quem são os *sujeitos, ativo* e *passivo*, dessa relação obrigacional, tanto mais quanto o vínculo se estabelece por efeito imediato da lesão ao direito alheio de que decorra prejuízo. Esse é o problema da *legitimação* no campo da *responsabilidade delitual*.

Tem *legitimação* para exigir a indenização do dano a pessoa prejudicada. Quem o sofre figura na relação obrigacional como *credor*. À *vítima do delito civil* corresponde, por outras palavras, a *pretensão de indenização*.

Nem todas as pessoas prejudicadas pelo *ato ilícito* fazem jus à indenização. É preciso esclarecer o sentido da palavra *vítima*, para determinar, com segurança, quem adquire a condição de *credor*, na obrigação de reparar. Considera-se vítima, em princípio, a pessoa diretamente prejudicada pelo ato ilícito, conforme o princípio da *causalidade imediata*. O direito de reclamar a indenização não nasce para os que sofreram prejuízo *indiretamente* ou de *modo reflexo*. Aqueles a quem o ato ilícito prejudica por esses modos não se investem, pois, na *pretensão de indenização*. Por outro lado, a pretensão cabe estritamente à vítima, pelo que a companhia de seguros não adquire *originariamente* o direito de reclamar a indenização que pagou ao segurado.

A lei abre uma exceção à regra geral de que o direito à *indenização* pertence unicamente a quem sofreu diretamente o dano. Quando a vítima falece, admite que a indenização seja pleiteada pelos que viviam sob sua *dependência econômica*. De regra, a *legitimação ativa* limita-se aos herdeiros da vítima, mas a restrição é censurável.

Cumpre distinguir hipóteses quando ocorre o óbito da vítima. Primeiramente, a morte pode decorrer de outra causa que não o ato ilícito. Produzido o dano, sobrevém o falecimento da vítima antes de ter acionado o ofensor. Nesse caso, o direito de exigir a reparação transmite-se *mortis causa*. Mas a questão da *legitimação ativa* excepcional não se apresenta nesses termos, surgindo na hipótese de consistir o dano na morte da vítima. A pretensão à indenização corresponde originariamente, nesse caso, aos que dependiam economicamente do finado. Trata-se de *pret*ensão independente, atribuída aos prejudicados, ainda que não sejam herdeiros do falecido.

É interessante considerar as situações em que há *dois prejudicados*, um diretamente e outro por efeito reflexo, como se verifica quando a vítima fica impossibilitada de trabalhar, ou é privada de sua liberdade. Os que vivem sob sua dependência econômica sofrem também as consequências do ato ilícito. Embora sejam indiretamente prejudicados, estão legitimados para pleitear a indenização em favor daquela. Intuitivamente, a pretensão do segundo prejudicado é condicionada pela do primeiro, de modo que, se este concorreu culposamente para a produção do dano, a causa de exoneração da responsabilidade pode ser oposta àquele.[11]

Se o dano consiste na deterioração de coisa na qual incidem dois direitos reais de grau diverso, como, por exemplo, os de propriedade e usufruto, os respectivos titulares têm *legitimação* para pleitear as correspondentes indenizações.

Do lado passivo, o problema da *legitimação* é mais complexo. Em princípio, a condição de *devedor* corresponde a quem causou o dano, mas, às vezes, surgem dificuldades na individualização da autoria, especialmente quando há *pluralidade de agentes*. Se *houver causalidade comum*, isto é, atuação de vários agentes conjuntamente, todos respondem solidariamente. Cada qual, portanto, tem *legitimação passiva*, podendo a vítima dirigir-se a qualquer deles, indiferentemente, para pleitear a indenização. Dificuldades surgem quando não se pode averiguar quem cometeu o ato do qual participaram várias pessoas. Hedemann esclarece a situação com expressivo exemplo: três jovens forçam, um após outro, mulher que surpreendem em comum e engravida, perdendo, por isso, o emprego; desta consequência só pode ser responsável um deles, mas, como não se sabe qual foi o responsável pela gravidez, todos respondem pelo dano causado.[12] Há, por outras palavras, *responsabilidade coletiva*.

Mais importantes, no entanto, apresentam-se os casos de responsabilidade nos quais o *devedor* é, por *presunção legal*, outra pessoa que não o autor direto do dano. São as hipóteses da *responsabilidade por fato de terceiro*, nas quais se consideram legitimadas passivamente pessoas que não praticaram o fato danoso. No Direito pátrio, esse fenômeno de *repercussão da responsabilidade* torna-se possível através de uma *presunção de culpa*.

Na *responsabilidade por fato próprio*, o problema da *legitimação passiva* apresenta certa dificuldade quando o autor do dano é pessoa privada de discernimento. De acordo com os princípios da *responsabilidade subjetiva*, considerados com rigor lógico, as pessoas sem capacidade de querer e entender não estão legitimadas passivamente para serem constrangidas ao pagamento da indenização. A irresponsabilidade do menor, ou do alienado, é absoluta, pela ausência do requisito da *imputabilidade*. Isso não significa, porém, que a vítima fique totalmente desamparada. Pelo ato da pessoa privada de discernimento, pode responder, pela *culpa in vigilando*, aquele sob cujo poder se encontre. A tendência atual desenvolve-se, todavia, no sentido de obrigar o alienado a reparar o dano que causou, fundamentada a sua responsabilidade em *culpa preexistente* ou inspirada em razões de equidade, que afastam a ideia de responsabilidade propriamente dita. Algumas legislações admitem, excep-

---

11 HEDEMANN. **Derecho de obligaciones**. p. 544.
12 Ob. cit. p. 547.

cionalmente, como visto, a responsabilidade das pessoas privadas de discernimento por efeito de sentença judicial que as condene ao pagamento de indenização, se o magistrado considera justo o amparo da vítima e as circunstâncias o permitem.

59. Conteúdo da relação obrigacional. A relação obrigacional entre o agente e a vítima tem como *conteúdo* a pretensão do prejudicado à reparação do dano.

Pode ser satisfeita mediante *reposição natural*, que importa restituição do bem danificado ao seu estado anterior, ou *indenização* propriamente dita, consistente no pagamento de determinada quantia. Neste último caso, a *reparação* dá-se por substituição, quer se pague a indenização pela entrega de certo capital, quer se efetue o pagamento sob a forma de *renda*.

Na fixação do conteúdo da relação obrigacional, merece referência especial a *ação preventiva*. Ordinariamente, a pretensão da vítima dirige-se ao recebimento da indenização do dano sofrido, mas não seria justo obrigá-la a esperar por sua efetivação. Deve-se-lhe proporcionar meio judicial para preveni-lo. Admite-se que exija do provável autor do dano a abstenção da prática de ato que possa produzi-lo, ou que faça alguma coisa para evitá-lo. Mas, quando nenhum prejuízo se verificou ainda, a pretensão de fim preventivo não constitui conteúdo da relação obrigacional oriunda de ato ilícito. No entanto, a faculdade de exigir a abstenção do agente pode integrá-lo se, além da indenização, tenha a vítima interesse em que se *remova* ou *cesse* a situação produzida pelo *ato ilícito*.[13] Assim se evitam novos prejuízos.

O princípio da reparação integral (*restitutio in integrum*) sofre dupla limitação:

a) quando há culpa recíproca;

b) quando o dano se compõe de vários elementos e sua agravação, nas consequências indiretas, se deve à negligência da vítima.

A *reposição natural* pode ser exigida sempre que possível, não sendo o lesado obrigado, nesse caso, a receber a reparação em dinheiro.

Admite-se a *"compensatio lucri cum damno"*. Por esse princípio, o prejudicado recebe a indenização com dedução das vantagens ou benefícios obtidos em razão do ato ilícito, sem o qual não os teria, como, por exemplo, nada ter gasto com alimentação por estar internado num hospital. Abatem-se apenas os que têm nexo causal com ato ilícito.[14]

Se o dano se deve à culpa da vítima, não é indenizável. Se houve culpa recíproca, deduz-se a parte imputável ao ofendido.

Há que distinguir a *causa real* da *causa virtual* do dano. Esta existe quando a conduta do agente causaria o dano se já não tivesse sido provocado pela ação de

---

13 VON TUHR. **Derecho de las obligaciones**. t. I, p. 281.
14 A *"compensatio"* pode ser invocada se o dano traz ao mesmo tempo uma utilidade. HEDEMANN. **Derecho de obligaciones**. p. 128.

outrem, por aquele ignorada, ou por acontecimento natural. A doutrina atribui relevância negativa à causa virtual; a responsabilidade é de quem causou *realmente* o dano.

Por último, na *responsabilidade cumulativa*, qualquer dos coautores deve responder por todo o dano, sendo cada qual tido como causa eficiente do fato danoso.[15]

60. Espécies de responsabilidade civil. Quem infringe um *dever jurídico lato sensu*, causando dano a outrem, fica obrigado a ressarci-lo.

A infração pode ser de dever estabelecido numa *relação jurídica* ou na *própria lei*, ou do princípio geral de que ninguém deve prejudicar os outros, *"alterum non laedere"*. Vem-se admitindo, ainda, a existência de infrações no período de formação dos contratos.

A *responsabilidade* do infrator classifica-se conforme a natureza da violação. Se preexiste *vínculo* obrigacional, chama-se *responsabilidade contratual*. Caso contrário, diz-se que é *extracontratual* ou *aquiliana*. Quando ainda não nasceu a *relação obrigacional* e o direito lesado não é *primário*, fala-se em *responsabilidade pré-contratual*. **(RA)** O legislador de 2002 prevê expressamente a responsabilidade pré-contratual, ao preconizar o desfazimento culposo do contrato preliminar ao pagamento de perdas e danos (art. 463 do Código Civil) **(RA)**. Contudo, a maioria repele, como categoria autônoma, este tipo de responsabilidade, inserindo-o na responsabilidade contratual ou na extracontratual.[16]

A *responsabilidade* por infração de dever oriundo de vínculo obrigacional denomina-se impropriamente *responsabilidade contratual*. **(RA)** A impropriedade da denominação avulta, agora, em face de o legislador brasileiro de 2002 ter adotado a *teoria da unidade de responsabilidade* **(RA)**. Pelo nome, tem-se a falsa ideia de que se refere tão somente ao inadimplemento culposo de obrigação assumida contratualmente. Compreende, no entanto, todos os casos de inexecução voluntária, seja qual for a fonte da obrigação. Configura-se, igualmente, quando a obrigação deriva de declaração unilateral de vontade ou de situações legais que se regulam como se fossem contratuais. O que importa para sua caracterização é a preexistência da relação obrigacional, de modo que o *dever de indenizar* se apresenta, necessariamente, em termos nos quais, como observa Ruggiero, *o id quod interest* se substitui ou é aumentado. Na *responsabilidade ex*tracontratual, a obrigação de *indenizar* surge como conteúdo imediato de obrigação imposta pela lei. É nesse momento que se forma a *relação jurídica* entre o autor e a vítima de dano.

Não obstante sua impropriedade, a expressão *responsabilidade contratual* não deve ser substituída, porque consagrada. Explica-se sua circulação por ser o *con-*

---

15 TRABUCCHI. **Istituzione di diritto civile**. p. 202, nota 2.
16 Art. 465, CC/02: "Se o estipulante não der execução ao contrato preliminar, poderá a outra parte considerá-lo desfeito, e pedir perdas e danos."

trato a principal fonte das obrigações. É no exame da inexecução de obrigação proveniente de contrato que, realmente, a matéria desperta maior interesse.

A alguns escritores parece irrelevante a distinção entre as duas espécies de *responsabilidade*, sob o fundamento precípuo de que o pressuposto contratual, embora qualifique particularmente o comportamento do devedor, não possui substantividade para criar modalidade de *culpa*; diversa da que fundamenta a responsabilidade extracontratual não o é, todavia. Variam os critérios de apreciação da culpa e a extensão de ressarcimento, conforme preexista, ou não, contrato.

Na dedução das consequências da *inexecução culposa*, não tem cabimento o estudo da *responsabilidade extracontratual*, **(RA)** salvo as hipóteses consideradas nos itens 4 e 34 *supra* **(RA)**. Pressupondo a existência de *vínculo obrigacional*, dá lugar, obviamente, à impropriamente denominada *responsabilidade contratual*.

(RA) Todo o exposto, pelo autor, está absorvido pelo novo texto do Código Civil. Em primeiro lugar pela opção terminológica de *"inadimplemento das obrigações"* (arts. 389 a 420) em lugar de *"consequências da inexecução das obrigações"* (arts. 1.056 a 1.058 do texto de 1916), que se referia, apenas, ao *caso fortuito* ou ao de *força maior*, envolvendo, por via travessa, as *perdas e danos* e os *juros legais*. Em segundo lugar porque, na noção de *inadimplemento*, o novo texto é abrangente por alcançar o não cumprimento de qualquer prestação, seja qual for a fonte *mediata* da obrigação. Se a prestação é a de *indenização*, o seu *inadimplemento* acarreta os consectários dele próprios, além do valor da própria prestação de indenizar, não cumprida.

Daí que regrou de modo específico (arts. 186 a 188 e 927 a 954) a *responsabilidade* chamada de *extracontratual* ou delitual, sob o manto de "responsabilidade Civil", objeto, por isso, de estudo específico à parte. Contudo, reitere-se: considerando a *teoria da unidade de responsabilidade,* adotada pelo texto de 2002 do Código Civil, não há mais que falar, entre nós, de r*esponsabilidade delitual* (extracontratual) e de *responsabilidade contratual* como efetiva dicotomia, isto é, um conceito de *responsabilidade* dividido em dois outros contrários. Há de se falar, apenas, de *responsabilidade civil*, englobando, conceitualmente, tudo que se referir à reparação civil **(RA)**.

Capítulo 9

RESPONSABILIDADE POR INFRAÇÃO DO DEVER DE VIGILÂNCIA

> **Sumário: 61.** Qualificação. **62.** A culpa *in vigilando* no Direito pátrio. **63.** Responsabilidade dos pais. **64.** Responsabilidade dos tutores e curadores. **65.** Responsabilidade dos empregadores. **66.** Responsabilidade das pessoas jurídicas. **67.** Responsabilidade por fato de animais.

61. Qualificação. Ao tratar das consequências do *ilícito civil* na pessoa que não causou pessoalmente o dano, fala-se correntemente em *responsabilidade por fato de outrem,* mas a expressão, originária da doutrina francesa, é manifestamente imprópria. Se a *responsabilidade* deriva da *culpa* de quem comete *ato ilícito,* só se pode admiti-la, no rigor da lógica, em consequência de *fato próprio. Culpa reflexa* soa mal. No sentido técnico da palavra, não pode haver *responsabilidade pelo fato de outrem.* Não obstante, para se conservar fiel ao sistema subjetivo, a lei *presume a culpa* de determinadas pessoas se outras praticam atos danosos. Nesses casos, a responsabilidade baseia-se na *culpa presumida.* A culpa do autor do dano acarreta a da pessoa sob cuja direção se encontra. Mas, se um fato determinasse necessariamente o outro, a *presunção de culpa* seria arbitrária. Se assim fosse, a responsabilidade pelo fato de outrem teria, em última análise, fundamento objetivo, pois, a rigor, a culpa estaria abolida. É necessário, portanto, explicar racionalmente por que a lei presume culpadas essas pessoas. Imagina-se, então, que têm um *dever de vigilância* a ser exercido constantemente em relação às pessoas que estão sob o seu poder ou direção. Admite-se, por outras palavras, a existência de uma *culpa in vigilando.* Segundo esta construção doutrinal, a *responsabilidade pelo fato de outrem* deriva da *infração do dever de vigilância.* É preferível, por conseguinte, substituir a primeira expressão pela segunda, como fazem escritores alemães.

A superioridade da expressão *responsabilidade por infração dos deveres de vigilância* abrange casos nos quais a obrigação de indenizar não resulta do *fato de outrem,* mas de pura negligência no exercício desse *dever,* como acontece, por exemplo, com os *detentores de animais.*

Os casos de *responsabilidade por infração dos deveres de vigilância* são:

1º) o dos pais, pelos filhos menores que estiverem sob seu poder e em sua companhia;

2º) o do tutor ou do curador, pelos pupilos ou curatelados que estiverem nas mesmas condições;

3º) o empregador ou comitente, por seus empregados, serviçais e prepostos, no exercício do trabalho que lhes competir, ou em razão dele;

4º) o dos donos de hotéis, hospedarias, casas ou estabelecimentos, onde se albergue por dinheiro, mesmo para fins de educação, pelos seus hóspedes, moradores e educandos;

5º) o do dono ou detentor do animal, pelo dano por este causado;

(RA) 6°) os que gratuitamente houverem participado nos produtos do crime, até a concorrente quantia **(RA)**.

Em termos mais resumidos e atuais, respondem pela reparação civil: *a*) os representantes legais por Direito de Família; *b*) os empregadores; *c*) os hoteleiros; *d*) os donos de educandários; *e*) os possuidores de animais; **(RA)** f) e os que participarem, de forma gratuita do produto do crime **(RA)**.

Em todos esses casos, uma pessoa, sem ter praticado o ato danoso, responde pelos danos causados por outra, ou por animal que detenha. Mas responde enquanto descurou o *dever de vigilância* que lhe incumbe, competindo-lhe provar, por conseguinte, para se exonerar, que não o infringiu. Esta *concorrência de culpa* ensejou, entre nós, renhida controvérsia, ainda palpitante. É interessante resumi-la, separadamente.

(RA) No caso da participação no produto do crime, pressupõe-se que o partícipe tenha agido de forma gratuita, ou seja, tenha recebido o produto do crime, sem ter desembolsado qualquer quantia ou manejado escambo para sua aquisição. Neste caso, o partícipe é responsável pela devolução da coisa e não pelo valor de sua avaliação. A lei determinou que, no caso da participação gratuita, o partícipe deve devolver o *produto* do crime e não o seu *proveito*. Se o produto do crime se converte em pecúnia, por ato do agente criminoso, inexiste a responsabilidade do partícipe que aufere ganhos com o proveito da alienação do bem **(RA)**.

62. A culpa *in vigilando* no Direito pátrio. Ao regular as obrigações por atos ilícitos, **(RA)** a fim de identificar a quem incumbe o dever de indenizar **(RA)**, o Código Civil dispôs, no art. **(RA)** 932 **(RA)**, que são responsáveis também pela reparação civil o pai, o tutor, o curador, o **(RA)** empregador **(RA)**, o comitente e os donos de hotéis, hospedarias, casas ou estabelecimentos onde se albergue por dinheiro, respectivamente pelos filhos menores, pupilos, curatelados, empregados, serviçais, prepostos, e hóspedes, moradores e educandos.

(RA) No regime de 1916 é interessante examinar o seguinte entendimento de Orlando Gomes sobre a interpretação cabível dos seus arts. 1.521 e 1.523, hoje, respectivamente, arts. 932 e 933, valendo observar que o texto de 2002 corrige a ociosidade aparente do art. 1.521 (texto de 1916, art. 932 de 2002), em face da redação que tinha o art. 1.523, dando-lhe a nova redação do texto de 2002, art. 933), pela qual a vítima não mais necessita provar a *concorrência de culpas* **(RA)**.

A inteligência dos dois preceitos legais provocou divergências. Interpretadas literalmente, era patente a antinomia entre as duas disposições. De fato. Se ao se interpretar o art. 1.523 se concluísse que a vítima deveria provar a *concorrência de culpas*, isto é, a culpa do filho e do pai e assim por diante, o art. 1.521 seria ocioso. Não era preciso dizer que um respondia pelo outro. A presunção firmada nesse artigo, estabelecendo a *responsabilidade indireta* das pessoas que nomeia, estaria supressa pelo art. 1.523. Como não se admitem contradições entre artigos de um Código, doutrina e jurisprudência, em maioria, procuraram conciliá-las, com o entendimento de que o art. 1.521 encerra uma presun*ção relativa* de culpa, que pode ser elidida pela prova em contrário. Essa interpretação é reforçada no *Código de Menores*,[1] o qual, embora contenha norma sobre responsabilidade restrita aos responsáveis legais pelos menores, declara inequivocamente que a *responsabilidade indireta* não se concretiza quando eles provam que não houve, de sua parte, *culpa*. O sistema do Código Civil estaria, nesse passo, rigorosamente enquadrado na teoria subjetiva da responsabilidade, porque não a admite sem culpa, mas sem aceitá-la até às suas últimas consequências, porque presume culposa a conduta dos que *também* devem responder pela reparação. Para favorecer a vítima, facilitando-lhe o exercício do seu direito à indenização, dispensa-lhe o encargo de provar que o ato danoso resultou da culpa daquele a quem incumbia a *vigilância*.

Não há outra construção capaz de preservar a integridade dos arts. 1.521 e 1.523 do Código Civil.

Admitir que a culpa do agente acarreta, necessariamente, a da pessoa sob cuja vigilância se encontra importa sacrificar inteiramente o art. 1.523. Sua existência impede se veja no art. 1.521 presunção *juris et de jure*, que importaria, afinal, aceitação da teoria da responsabilidade objetiva, diante da impossibilidade de exoneração do dever de reparar. Se a prática de um ato ilícito por pessoa subordinada a outra determina *ipso facto* a responsabilidade desta, a disposição do art. 1.523 teria sido sumariamente invalidada.

Por outro lado, proclamar que a responsabilidade das pessoas enumeradas no art. 1.521 do Código Civil só existe se a vítima provar que também foram culpadas, isto é, que concorreram para a realização do fato danoso, é tornar supérflua essa disposição legal, exigindo a *culpa própria* onde a lei a presume. Não seria necessário estabelecer a responsabilidade dessas pessoas se só surgisse com a prova da sua culpa concorrente. Ter-se-ia um caso de *causalidade comum,* no qual a responsabilidade é direta.

Nenhuma dessas interpretações radicais pode ser aceita. A exata exegese dos dois preceitos encontra-se num julgado da Segunda Câmara do Tribunal de Minas

---

1 Trata-se hoje do Estatuto da Criança e do Adolescente, Lei n. 8.069/90.

Gerais, o qual, por isso, deve ser transcrito em seus principais trechos: "Dando sentido útil aos arts. 1.521 e 1.523 do Código Civil, o que se deve entender é que, pelas regras gerais dos arts. 159 e 1.518, o prejudicado teria que provar a culpa do patrão ou comitente, e mais ainda o nexo causal entre essa culpa e o dano produzido; para abrandar esse rigor, em casos especiais nele enumerados, o art. 1.521 estabelece uma presunção dessa culpa e desse nexo em favor do prejudicado; e o art. 1.523, sem invalidar, abolir ou destruir essa presunção de culpa, faculta apenas ao patrão ou comitente, presumidamente culpado, a prova de exoneração da culpa pela inexistência do nexo de causalidade. De tal sorte, o art. 1.523 mostra encontrar-se no art. 1.521 *presunção juris tantum de culpa própria* e não estabelecimento de responsabilidade sem culpa por ato de outrem."

No reconhecimento de que as pessoas enunciadas no *art. 1.521* são responsáveis por *culpa própria* está o ponto crucial da questão. É preciso partir, realmente, da ideia de que o Código Civil admite a *culpa in vigilando*. A responsabilidade de certas pessoas, que devem exercer vigilância sobre outras, decorre da infração desse dever. Não se trata, por conseguinte, de responsabilidade pela *culpa alheia*, mas de responsabilidade pela violação do *dever de vigilância*. É claro, porém, que a própria ideia de vigilância pressupõe, para o fim de se qualificar a infração do dever em que consiste, a prática de um ato ilícito por parte daquele sobre quem deve ser exercida. No nosso sistema, fiel à doutrina da culpa, não é possível admitir infração do dever de vigilância se o autor direto do dano não tiver culpa. No Direito alemão exige-se simplesmente a *causalidade*, mas as legislações que se contentam com a *causalidade* atribuem ao prejudicado o ônus de prová-la. No Direito francês, a presunção é absoluta na culpa *in eligendo*.

Entre nós, é dominante o entendimento de que a vítima não precisa provar que houve *culpa in vigilando*. A lei a presume. Basta, portanto, o ofendido provar a relação de subordinação entre o agente direto e a pessoa incumbida legalmente de exercer a vigilância, e que ele agiu de modo culposo, para que fique estabelecida a *presunção juris tantum* de culpa *in vigilando*.

A natureza dessa *presunção* revela que o legislador considerou própria a culpa de quem tem o dever de vigilância. Tanto que o autorizou a provar seu cumprimento com o fim de exonerar-se da responsabilidade. Mas, tendo presumido a sua culpa, não poderia exigir que a vítima ficasse obrigada a prová-la. A presunção é um meio de prova. A lei considera culpadas, até prova em contrário, as pessoas enumeradas no art. 1.521. Lógica, intuitiva e curialmente, a elas compete destruir a presunção, produzindo prova em contrário. Nestas condições, houve *inversão do ônus da prova* na apuração da *culpa in vigilando*. Não é à vítima do delito civil que incumbe provar a infração do dever de vigilância, porque a lei presume que foi cometida. Para se exonerar, a pessoa a quem corre esse dever tem de demonstrar que, no exercício, se comportou diligentemente.

A presunção justifica-se. É compreensível que, até prova em contrário, a lei considere culpado, pelo ato ilícito de outrem, aquele que, sobre este, exerce o *poder diretivo*. Se o praticou, provavelmente se afrouxou a vigilância; exercida cuidadosamente, o ato teria sido evitado. Esse raciocínio é plausível, mas, de qualquer sorte, encerra uma suposição. Eis por que se deve permitir, como de fato se permite, que tal conjetura seja afastada, em concreto, pela prova de que a vigilância não foi descuidada, isto é, que *não houve culpa in vigilando*. Quando, pois, comprova que empregou toda a diligência para precaver o dano causado, exigindo de seu subordinado uma conduta cuidadosa, permanentemente controlada por severa fiscalização, a presunção de culpa cede.

Na prática, essa prova é difícil. Diante da dificuldade, as pessoas indicadas no art. 1.521 respondem, as mais das vezes, sem *culpa,* isto é, sem ter cometido infração do dever de vigilância. Procedem, frequentemente, com *diligentia in eligendo, in instruendo, in custodiendo,* e, não obstante, são condenadas a reparar civilmente o dano. É que, como esclarece Von Tuhr, o conceito de *vigilância*, adotado pelos autores modernos e pela jurisprudência, é mais amplo do que a noção jurídica de *diligência,* compreendendo precauções aconselhadas pelas circunstâncias que, não raro, escapam a um homem diligente e abrangendo até o cumprimento dos menores deveres do subordinado, responsável que será mesmo quando a eles falte.[2] Esse alargamento conceitual transforma praticamente em presunção absoluta a que é legalmente relativa, refletindo a influência das ideias objetivistas.

Observe-se, por último, que a presunção de culpa dos que têm o dever de vigilância não significa que a vítima deva dirigir-se a eles necessariamente, para obter a reparação do dano. Nada impede que a pleiteie de quem diretamente o causou, visto que é o autor do ato ilícito. De regra, não o faz, por serem maiores as probabilidades de obter a indenização dos responsáveis indiretos. Acionar, por exemplo, um empregado, que nada tem de seu, para lhe reclamar a reparação do dano que causou, é empresa inútil; aciona-se o patrão, sendo preferível praticamente correr o risco de que venha ele a provar ausência de *culpa in vigilando,* que, aliás, é pequeno, em face da assinalada dificuldade dessa comprovação.

(RA) Repita-se: o texto de 2002 parece solucionar o problema exposto por Orlando Gomes, ao dispor no seu art. 933 que as pessoas indicadas nos incisos I a V do art. 932 respondem pelos atos praticados pelos terceiros ali referidos, ainda que estas pessoas não tenham *culpa* **(RA)**.

63. Responsabilidade dos pais. Quem exerce **(RA)** poder familiar **(RA)** responde pelos atos do filho. Somente os menores estão cobertos por esta responsabilidade. Se o pai não consegue provar que exerceu com toda diligência o dever de vigilância, ficará obrigado a reparar civilmente o dano que o filho causar. Quando, por outras palavras, tiver *culpa in vigilando,* presumida legalmente, assume o dever de indenizar, tornando-se civilmente responsável.

Exige a lei, apenas, que esse *filho menor* esteja *sob seu poder*, e *em sua companhia*. É intuitivo porquanto a *responsabilidade* deriva da infração do dever de

---

2   **Derecho de las obligaciones**. t. I, p. 286.

vigilância dos pais. Claro é que se não pode exigi-lo sobre pessoa não subordinada às ordens e instruções de outra. Do mesmo modo, se não se encontra sob suas vistas, é impossível vigiá-la, o que não significa, porém, que o pai deixe de responder pelo filho menor, porque este, com o seu consentimento, esteja em lugar distante. Daí a expressão própria empregada pelo legislador: filhos menores que estejam *em sua companhia*. Assim, se sob a guarda e em companhia da mãe se encontra o filho por força de desquite, responde esta e não o pai. Não basta, por conseguinte, que o menor esteja sob o poder do pai; é mister, ainda, que viva em sua companhia.

Refere-se a lei a *filho menor.* Entre nós, a menoridade cessa aos **(RA)** 18 (dezoito) **(RA)** anos **(RA)** completos. Até que o filho complete essa idade, por ele responde quem exerce o poder familiar **(RA)**. Assim sendo, não procede a opinião difundida de que, não obstante essa maioridade por equiparação legal, o pai continua responsável pelo filho quanto a essas obrigações. Decerto continua sob seu poder e até em sua companhia, mas, evidentemente, o menor que completa 18 anos e adquire a maioridade trabalhista investe-se no direito eleitoral e se torna plenamente capaz para efeito de alistamento e sorteio militar, tem uma liberdade de movimentos que não permite ao pai o exercício do dever de vigilância, tal como deve ser compreendido segundo o conceito lato que lhe dão os autores modernos. Desconhecer a impossibilidade de cumpri-lo é colocar-se fora da realidade, obrigando alguém a reparar o dano causado por outrem, sem que, em verdade, se lhe possa atribuir, na maioria dos casos, o mais leve resquício de culpa.

Por isso, o legislador pátrio foi sábio ao equiparar, **(RA)** no texto de 1916, o **(RA)** menor **(RA)** entre 16 e 21 anos **(RA)** ao maior, quanto às obrigações resultantes de atos ilícitos, **(RA)** em que fosse culpado **(RA)**, limitando, mediante expressa disposição de lei, a responsabilidade dos pais.

Mais estranhável ainda a opinião de que o pai responde pelos atos ilícitos do *filho emancipado*. Para todos os efeitos, a emancipação equivale à maioridade. É apenas o processo de antecipá-la. Não é possível, assim, sustentar que persiste a responsabilidade do pai. Até porque tal opinião esbarra em um obstáculo intransponível, que é a lei. Segundo o disposto no art. **(RA)** 932 **(RA)**, n. I, o pai responde pelo filho menor que estiver *sob seu poder*, e a *emancipação* é, precisamente, a libertação antecipada desse poder.

Para alguém cometer *ato ilícito,* precisa ter *discernimento*, e, para responder pela reparação civil, ter praticado ato culposo. Consequentemente, se o menor não tem capacidade de querer e entender, não incorre em *culpa*, o que significa inidoneidade para praticar *ato ilícito*. Ora, se a responsabilidade do pai pressupõe a prática de ato ilícito pelo filho, isto é, ação ou omissão voluntária, negligência ou imprudência, é lógico que não há responsabilidade paterna enquanto o filho não tiver capacidade de discernimento. Um menor de quatro anos não sabe o que faz. Se a outrem causa dano, não se pode dizer que agiu culposamente; se não há culpa, ato ilícito não praticou; se não cometeu ato ilícito, o pai não responde pela reparação do dano, porque a responsabilidade indireta supõe a ilicitude no ato de quem causa o prejuízo. Apesar de lógico, esse raciocínio não prevalece na prática.

Verificados os pressupostos da responsabilidade paterna, nasce a obrigação de indenizar o dano causado pelo ato do filho menor. Ao contrário dos outros casos de responsabilidade por infração do dever de vigilância, o pai que paga a indenização não pode exercer *ação regressiva* contra o filho. Proíbe-a terminantemente a lei. Não lhe é permitido, por conseguinte, cobrar do filho o que pagou ao prejudicado a título de indenização. Nem se pode admitir que a quantia paga seja conferida para igualar a legítima dos herdeiros. Admitir que deveria ser trazida à colação seria sustentar que o pai não respondeu por culpa própria, quando sabido que, em face da lei, responde por infração do dever de vigilância, que, em relação a ele, assume características próprias e pode ser exercido em condições especiais, dada a natureza do vínculo familiar.

64. Responsabilidade dos tutores e curadores. A responsabilidade civil dos *tutores* pelos *pupilos* é estabelecida sob o mesmo fundamento da responsabilidade paterna. Responde o tutor porque faz as vezes do pai, incumbindo-lhe, pois, o mesmo *dever de vigilância*.

A responsabilidade do tutor só se configura se o pupilo está em sua companhia. Enfim, obedece, em tudo e por tudo, aos princípios que disciplinam a responsabilidade dos pais. Mas, ao contrário do que se verifica quando o pai repara o dano causado pelo filho, o tutor pode reaver do pupilo o que houver pago. Contra ele tem, em suma, *direito regressivo,* salvo se é avô do menor.

Visto que a responsabilidade do *tutor* decorre da infração do *dever de vigilância*, entende-se que a verificação de sua conduta no particular deve ser feita com menor rigor de que a do pai, porque não dirigiu sua educação desde o início.

Pelo *curatelado* responde o *curador*. A vigilância de quem desempenha esse *munus* é maior do que a exigida para pessoas normais, especialmente quando se exerce sobre certos doentes mentais. Nem por isso se abranda a presunção de culpa. Mas, neste caso de responsabilidade por infração do dever de vigilância, não se exige a culpa do autor direto do dano. O alienado não tem imputabilidade. Se fosse exigida a sua culpa na prática do ato danoso, jamais responderia por ele, em consequência da culpa *in vigilando*, aquele que é obrigado legalmente a vigiá-lo. Trata-se, pois, de uma exceção aberta ao princípio de que a responsabilidade por ato de outrem supõe conduta culposa do agente. A exceção não se estende a todos os casos de curatela. O *pródigo,* por exemplo, tem discernimento.

65. Responsabilidade dos empregadores. Dos casos de responsabilidade indireta, nenhum supera a dos *empregadores* em geral, ou, para usar a linguagem do Código Civil, dos **(RA)** *empregadores* **(RA)** ou *comitentes*. Sua relevância não provém apenas de ter aplicação mais frequente o preceito que a esquematiza, oferecendo ensejo a mais largas investigações do assunto pela doutrina e a pronunciamentos mais constantes da jurisprudência. O vínculo jurídico que une empregadores e empregados distingue-se nitidamente da relação existente entre pais e filhos, pois encerra um novo elemento na culpabilidade ao se formar voluntariamente. Apesar das modificações que tem sofrido, esse vínculo não mudou de natureza, continuando a ser contratual. Assim, a admissão de um empregado depende, em princípio, da vontade livre do empregador. Tem este, pois, liberdade de escolha. Pode acontecer que, por ter contratado trabalhador, imprudente ou displicente, favoreça a prática de fatos danosos por parte desse empregado. Se, no exercício de sua atividade, ele comete ato ilícito, pode-se considerar culposa a escolha. Há, por exemplo, culpa do empregador que admite um motorista de ônibus não legalmente habilitado a dirigi-lo. Admite-se, nesse caso, a *culpa in eligendo*, no pressuposto de que há o dever de escolher bem. Acrescenta-se, portanto, um elemento específico na apuração da responsabilidade pelo fato de outrem. Por outro lado, o dever de vigilância do empregador não pode ser exercido com atenção, extensão e intensidade com que o pai tem possibilidade de cumpri-lo em relação ao filho menor. As condições para seu exercício são manifestamente diversas. Não obstante, é quanto aos atos praticados pelos empregados que mais se faz sentir a necessidade de cumular a responsabilidade daquele sob cujo *poder diretivo age*. Por esse motivo, assinalam os escritores a insuficiência da ideia subjetiva para justificá-la,[3] chegando Saleilles a afirmar que, nesses casos, o sistema da presunção de culpa passa a ser mera ficção, simples mentira, que deve ser riscada do vocabulário jurídico. Realmente, a responsabilidade do empregador configura-se na maioria dos casos, sem que tenha concorrido com a sua culpa. De sua parte não há infração do dever de escolha ou do dever de vigilância e, não obstante, se torna responsável devido à extrema dificuldade de destruir a presunção de culpa. Melhor fora, assim, se reconhecesse abertamente a responsabilidade nos termos objetivos em que praticamente existe. É verdade que não seria fácil firmá-la declaradamente nesses termos. Haveria maior aproximação da realidade se a presunção fosse *juris et de jure*, mas, ainda assim, persistiria a falsa ideia da culpa como fundamento da responsabilidade do empregador.

Em nosso Direito, a presunção de culpa é *juris tantum*. O empregador pode vencê-la, provando que cumpriu diligentemente o dever de vigilância; mas, se não consegue fazer essa prova, é condenado ao pagamento da indenização.

Para que se estabeleça a responsabilidade do empregador pela reparação civil do dano causado por seu empregado importa que o ato danoso seja praticado no exercício do trabalho que lhe competir, ou **(RA)** em razão dele **(RA)**. É necessário, por outras palavras, que o dano seja causado pelo empregado "em função dos serviços ou atividades que lhe incumbem". Entre o dano e os deveres de cargo ocupado pelo empregado é preciso, como diz Von Tuhr, que exista uma *relação funcional*. Entre nós, porém, essa relação não se exige rigorosamente, porque, pela lei, basta que o dano tenha sido produzido **(RA)** em razão **(RA)** *do trabalho*. Em consequência, ter-se-á de admitir, absurdamente embora, que o empregador é responsável pelo ato do empregado na hora do serviço que, todavia, "não guarda com suas atribuições mais do que uma relação incidental, externa, local ou cronológica".

---

3 Cf. DIAS, Aguiar. **Da responsabilidade civil**. v. II, p. 125.

A expressão *"empregador"* deve ser entendida no sentido mais amplo de toda pessoa, natural ou jurídica, que utilize serviços de outra através de uma relação que gere o *estado de subordinação.* Não se exige que tal relação configure *contrato de trabalho stricto sensu.* Necessário, apenas, que os serviços sejam executados sob a *direção* de outrem, isto é, de acordo com suas ordens e instruções. Nestas condições, o ato praticado pelo *trabalhador autônomo*, como o empreiteiro, não acarreta a responsabilidade de quem encomendou a obra. É mister, numa palavra, que se trate do *trabalhador subordinado.*

O *empregador* tem *direito regressivo* contra o *empregado* causador do dano. A esse direito corresponde, obviamente, a obrigação do empregado de reembolsá-lo do que pagou a título de indenização. Tal dever encontra seu fundamento no próprio contrato que os vincula. Casos há, porém, nos quais o direito regressivo do empregador pode ser repelido pelo empregado que causou o dano. Diz-se, mesmo, que perde o *direito ao reembolso,* como acontece, por exemplo, quando dá falsas instruções ao empregado, lhe entrega instrumentos defeituosos, ou lhe oculta malevolamente a ilicitude do ato de que o encarregou.[4]

A *responsabilidade do empregador* manifesta-se em largos setores da atividade econômica. Onde, porém, se apresenta com maior frequência é no campo dos transportes. A multiplicação dos veículos, em número e tipos, constitui abundante fonte de acidentes, que expõem seus proprietários ao pagamento de indenização dos danos causados pelos empregados que os conduzem. Farta é, assim, a jurisprudência a propósito desses casos, constituindo-se em opulento manancial, que oferece importante subsídio à apreciação da insuficiência da solução clássica do problema.

66. Responsabilidade das pessoas jurídicas. Pelos atos praticados por seus administradores responde a pessoa jurídica. É evidente que esta responsabilidade se estende às consequências de atos ilícitos que cometerem. Mas, nessas circunstâncias, a própria pessoa jurídica é considerada autora do dano, posto seja difícil justificar, à luz dos princípios, tenha responsabilidade propriamente dita. O problema surge quando o ato ilícito é praticado por empregado a seu serviço. O Código Civil equipara-as aos **(RA)** empregadores **(RA)** ou comitentes para o efeito de obrigá-las à reparação civil nos termos em que estes são obrigados. Se houvesse indicado a responsabilidade patronal por uma designação que abrangesse todos os que dirigem trabalho alheio, seria desnecessária a equiparação. É sabido que o empregador tanto pode ser pessoa natural como jurídica. Consequentemente, se a responsabilidade tem como pressuposto o vínculo de subordinação, tanto faz que seja individual ou coletiva a empresa a que pertence o empregado causador do dano. Em qualquer das hipóteses, a obrigação de ressarcir o prejuízo nasce para o empregador **(RA)** ainda que não haja culpa de sua parte **(RA)**.

---

4   VON TUHR. Ob. cit. p. 287.

Outras pessoas jurídicas também respondem pelos atos dos seus servidores. Assim, as de *Direito Público,* mas a responsabilidade do Estado pelos atos de seus funcionários é matéria de *Direito Administrativo,* subordinando-se a regras especiais, que não devem ser apreciadas numa obra de Direito Civil.

67. Responsabilidade por fato de animais. O dono ou detentor do animal é obrigado a ressarcir o dano por este causado.

Sua responsabilidade funda-se na infração do *dever de vigilância.* Vinculam-na alguns à violação da obrigação de guarda, considerando-a um aspecto da responsabilidade *pelo fato da coisa.* Não obstante, melhor se enquadra entre os casos de reparação decorrente da *culpa in vigilando.* Em verdade, a responsabilidade do detentor de um animal provém de não o ter vigiado convenientemente, tanto que o responsável não terá de provar que o guardava e vigiava com o cuidado habitual.

O dever de vigiar o animal varia de acordo com a sua espécie. Quem é dono de animal feroz deve ter muito maior cuidado na sua guarda e vigilância do que quem possui animal doméstico. Considera-se cumprido esse dever quando o possuidor do animal tenha tomado todas as precauções para evitar que pudesse vir a causar um dano a quem quer que seja.

Não é só o *dono* do animal que responde, mas quem quer que o detenha. Assim, a pessoa que o conserva em casa, ou o emprega a seu serviço, incorre na mesma responsabilidade. Mas não é responsável, como esclarece Von Tuhr, quem o use por favor, quem o tem em depósito, ou quem está encarregado de guardá-lo na qualidade de empregado do dono. Entre nós, porém, a indicação do simples *detentor* como pessoa responsável pela reparação civil obriga a quem quer que tenha o animal em seu poder, seja a que título for.

Não há obrigação de indenizar se ocorrem certos fatos provados pelo dono ou detentor do animal. No Direito pátrio, ele se exonera provando: **(RA)** culpa da vítima ou força maior **(RA)**.

Na primeira hipótese, a presunção de culpa cede ante a prova de que não foi infringido o dever de vigilância. Permitindo-a, o Código reafirma sua orientação subjetivista, pois exige a culpa do dono ou detentor do animal, para que se torne responsável. Reforça sua fidelidade ao sistema clássico da responsabilidade ao excluí-la quando o fato resulta de força maior **(RA)** ou de culpa da vítima **(RA)**.

Somente o dano decorrente do próprio impulso do animal firma a responsabilidade do dono, ou detentor. Se age provocado por outro animal ou pela própria vítima, responsabilidade não terá. Mas, se o animal é fustigado por outra pessoa, o detentor é obrigado a reparar o dano, embora tenha ação contra quem o provocou.

Quando o fato se deve à imprudência do ofendido, a culpa deste põe a seu risco o dano. Provando-a, o detentor do animal não será obrigado a indenizar o prejuízo.

Afora estas causas de isenção de responsabilidade, previstas na lei, considera-se eximido do dever de indenizar o proprietário ou possuidor do animal que cause dano quando se encontra em poder de quem o furtou. Não seria justo que respondesse nesse caso. Contudo, sustenta-se que se o furto, ou, em termos mais amplos, o desapossamento do animal, se deu em virtude da negligência do seu possuidor, porque não o guardou cuidadosamente, nada há de injusto em fazê-lo responder pelo dano.[5] Seria responsável, nesse caso, pela *culpa preexistente*. Finalmente, a obrigação de indenizar não se torna exigível quando, resultando o dano do fato de animais reunidos em grupos, mas pertencentes a diversos donos, não se pode individualizar os que o causaram.[6]

---

5   DIAS, Aguiar. Ob. cit. p. 58.
6   MAZEAUD e MAZEAUD. p. 71.

Capítulo 10

RESPONSABILIDADE POR INFRAÇÃO DO DEVER DE GUARDA E DE CONTROLE

> Sumário: **68**. Generalidades. **69**. Modalidades da culpa pelo "fato" da coisa. **70**. Culpa na guarda. **71**. Culpa no controle. **72**. Culpa por fato indireto. **73**. Responsabilidade por infração do dever de controle.

68. Generalidades. Sob o título *responsabilidade pelo fato da coisa*, destaca-se um aspecto da questão do ressarcimento dos danos provenientes do ato ilícito, que se manifesta quando a lesão a direito primário de outrem ocorre através de uma *coisa*, de que se tem a guarda, ou o controle. Mas, conforme tem sido justamente observado, não é possível falar-se, com propriedade, em *fato da coisa*. As coisas, porque inanimadas, não podem, por si mesmas, causar dano a uma pessoa. Para que o produzam, é preciso que sejam movimentadas pelo homem, ou em razão de uma causa exterior.[1] Assim sendo, a responsabilidade deriva, nesses casos, de falta imputável ao homem. Uma vez, pois, que não há, a bem dizer, fato da coisa, a não ser quando se trata de animal, é aconselhável abandonar a expressão, até porque não traduz, com felicidade, o teor de subjetividade que possui nos sistemas legislativos que assentam a responsabilidade na ideia de *culpa*. Contudo, trata-se de expressão consagrada. Seria preferível designar como *responsabilidade por infração do dever de guarda,* ou de *controle*. Visto que a *responsabilidade há de resultar de fato do homem*, isto é, de uma ação, ou omissão voluntária, negligência ou imprudência, a chamada *responsabilidade pelo fato da coisa* há de ser entendida, em última análise, como decorrente da conduta culposa de quem tem a guarda da coisa por meio da qual o dano foi produzido. Porque há coisas de utilização perigosa. Quem tem sua guarda deve tomar as necessárias precauções para evitar que causem prejuízo. Em suma, há um *dever de guarda*, consistente na *observância* das cautelas indispensáveis a que, por intermédio das coisas, não se produzam danos na esfera jurídica de outras pessoas. A *omissão desse dever* implica *responsabilidade* da pessoa a quem incumbe. É, em síntese, a *culpa na guarda*.

---

1   Cf. DIAS, Aguiar. **Da responsabilidade civil**. v. II, p. 2.

Trata-se, portanto, de responsabilidade por infração do dever de guarda, o qual é, em relação às coisas, o que é o *dever de vigilância* quanto às pessoas.

A lei pátria não contém disposição genérica a respeito da reparação dos danos derivados da culpa na guarda das coisas em geral. Duas regras especiais regulam, entretanto, a responsabilidade dos que causam dano a outrem por intermédio de coisas. Uma concerne à responsabilidade dos donos, ou detentores, de animais. Mas, como são coisas animadas, que, por impulso próprio, podem causar dano, o *dever de vigilância* absorve, por assim dizer, o de *guarda,* submetendo a responsabilidade aos princípios que disciplinam os casos que se apresentam como infração daquele dever. A outra diz respeito à responsabilidade do dono do edifício ou construção pelos danos que resultarem de sua ruína. Trata-se de caso particularíssimo. Conforme prescreve o art. **(RA)** 186 **(RA)** do Código Civil, a responsabilidade pelo fato da coisa é condicionada à *culpa* do seu proprietário, mas a lei brasileira filia-se ao grupo das que, ao lado da regra geral, admitem casos de responsabilidade subordinados a normas especiais que acolhem fundamento diverso, consagrando a teoria do risco.

69. Modalidades da culpa pelo "fato" da coisa. No estudo da responsabilidade pelo fato da coisa, é interessante partir das distinções seguintes:

1ª) uma coisa pode ser um prolongamento do homem, um meio que emprega voluntariamente para aumentar sua força, ou sua mobilidade;

2ª) sem ter essa função, uma coisa pode causar dano a uma pessoa, que não seu dono;

3ª) nas mesmas condições, o dano pode ser causado, mas a coisa é objeto de obrigação de guarda, que cabe a determinada pessoa.[2]

As hipóteses são distintas. Se a todas se aplicasse o princípio geral da responsabilidade subjetiva, não haveria interesse na classificação. Ademais, se fosse aplicável do mesmo modo às três hipóteses, também não teria importância a sua separação. Como, entretanto, não se disciplinam igualmente, importa considerá-las uma a uma.

Na primeira hipótese, embora o dano seja causado *diretamente* pela *coisa*, o evento confunde-se com o *fato do homem*, porque a coisa não é mais do que um instrumento em suas mãos. É o que ocorre no dano causado por um automóvel, que, no momento em que se verifica, é conduzido por seu dono.

Na segunda hipótese, o dano não resulta da utilização de uma coisa como prolongamento do homem. Não é, por outras palavras, objeto sobre o qual esteja a exercer controle e não tem, em relação a ela, o dever de guarda. Porque não serve de instrumento para lhe facilitar a atividade e não está sob seu imediato controle, o

---

[2] DE HARVEN. In: **Anais do I Congresso Internacional da Associação Henri Capitant**. p. 454.

"fato" da coisa, como esclarece De Harven, não se confunde com o fato de determinada pessoa, ligando-se, no entanto, a alguém por um vínculo reconhecível.

Na terceira hipótese, a coisa, sem ser um instrumento do homem, causa dano a outrem nas mesmas condições da hipótese anterior, mas é objeto de uma *obrigação de guarda*, que incumbe a determinada pessoa.

A rigor, somente nesta última hipótese se pode falar em *responsabilidade por infração do dever de guarda*. Mas, como em qualquer das três o dano é causado por intermédio de uma coisa, é de toda conveniência apreciá-las separadamente, iniciando o exame pela hipótese específica.

70. Culpa na guarda. Há coisas que são objeto de uma *obrigação de guarda* por parte de certas pessoas. Um dano pode ser produzido por tais coisas em consequência de ter o guardião negligenciado no cumprimento do seu dever. Verifica-se a infração quando ele se comporta de tal modo que a coisa se torna suscetível de causar lesão à integridade física ou patrimonial de alguém.[3] Se o dano se verifica, o responsável pela sua guarda está obrigado a ressarci-lo. Nesse caso, a obrigação de indenizar funda-se na *culpa*, consistente precisamente na violação desse *dever de guarda*.

A existência dessa obrigação conduz à assertiva de que a responsabilidade se funda na culpa. Não basta, porém, que se verifique o evento danoso para que se infira a culpa de quem guarda, sob presunção de que é necessariamente o resultado da inexecução da obrigação de guarda. Se essa presunção absoluta prevalecesse, a ideia de culpa estaria suprimida na responsabilidade de que se cogita. É preciso que se prove a *negligência* ou a *incúria* da pessoa que deve guardar a coisa. Não se pode explicar de outro modo, nessa hipótese, o mecanismo da responsabilidade.

Trata-se de *responsabilidade por infração do dever de guarda*. Tal infração somente se positiva se houver *culpa* da parte de quem está obrigado a guardar. Diz-se, sinteticamente, que é preciso haver *culpa na guarda*. E, para que haja, importa que o guardião tenha sido imprudente ou negligente. Quem sofre, por conseguinte, um prejuízo pelo "fato" imediato de uma coisa sob guarda deve provar que o evento danoso resultou da culpa de quem estava obrigado a guardá-la. Cumpre-lhe comprovar que o dano causado pela coisa é consequência de omissão culposa. Do contrário, não há responsabilidade.

71. Culpa no controle. O progresso técnico criou numerosas coisas que servem ao homem para aumentar seu poder sobre a natureza. As máquinas são os instrumentos dessa atividade. Por sua estrutura e função, reclamam operadores. É o homem que as movimenta, dirige e controla. São, de regra, *coisas perigosas*, isto é, coisas que expõem os homens ao risco de sofrerem danos. Mas, como não os produzem por si mesmas, os prejuízos que porventura causam resultam, em aná-

---

3   DE HARVEN. Ob. cit. p. 465.

lise derradeira, do *fato do homem*, seja porque as utilizem imprudentemente, seja porque não as cuidem atentamente. Consequentemente, se, por seu intermédio, ocorre lesão ao direito de alguém, aquele que a controla deve reparar o dano causado. Em princípio, sua responsabilidade deriva de ter faltado ao *dever de controle*. Presume-se que o dano resulta de sua violação, partindo-se do pressuposto de que, se a manipular e dirigir cuidadosamente, o acidente não se verifica.

No rigor dos princípios deduzidos pela *teoria subjetiva da responsabilidade*, a obrigação de indenizar não decorre simplesmente de ter havido dano por seu intermédio mas da infração de dever preexistente de exercer corretamente o controle da coisa.

Foi, porém, nesse setor que a justificação da responsabilidade pela culpa se revelou insuficiente para atender à finalidade jurídica da responsabilidade civil. Obrigar a vítima a fazer a prova de que a causa do dano sofrido foi a incúria do dono da coisa é, na maioria dos casos, privá-la de receber a indenização, deixando-a completamente desamparada. As mais das vezes o dano se produz sem infração do dever de controle, e, quase sempre, é impossível prová-la. Daí a tendência para fundamentar a obrigação de reparar em outros princípios, apoiando-a em pressupostos diferentes. Um dos processos mais interessantes dessa transformação consistiu na modificação do conceito da culpa. Preconizou-se sua alteração no sentido de equipará-la ao próprio fato danoso, considerando-se que se configura ao se produzir este, porque todo homem é obrigado a se conduzir de modo a não prejudicar o direito de seu semelhante. De acordo com esta concepção, o ofendido não precisa provar que o dano resultou da imprudência ou da negligência do dono da coisa. É tido como culpado simplesmente, porque o dano foi causado. Sua culpa resulta, precisamente, do fato de ter infringido a obrigação de não prejudicar outrem.

Este e outros recursos foram imaginados para favorecer a vítima, sem quebra do princípio da responsabilidade, tal como formulado pela teoria subjetiva.

Mas, para a responsabilidade pelo dano produzido por certas coisas mais perigosas, isto é, suscetíveis de causá-lo com maior frequência, até os novos conceitos de culpa foram reputados insuficientes, não obstante eliminarem-na praticamente. Infletiu-se para a chamada responsabilidade objetiva, substituindo-se a ideia de *culpa* pela de *risco*.

Contudo, a abolição da *culpa* está restrita, até o presente momento, a alguns casos previstos em *leis especiais*. Prevalece ainda como regra geral o princípio da responsabilidade baseada na culpa, segundo a qual, *quando menos*, o dono da coisa pode exonerar-se da obrigação de ressarcir o dano, provando "que não é senão o aparente autor do ato ilícito; que não agiu livremente; que ele próprio foi o instrumento de uma força maior, ou, ainda, que foi a própria vítima que causou a lesão à sua integridade física ou patrimonial".

Dado que o prejuízo causado pela coisa é, no fundo, um fato do homem, não será possível abstrair a apreciação de sua conduta. Consequentemente, é preciso que se apure se esse fato decorre de culpa daquele a quem é atribuído, não bastando, pois, que entre ele e o dano haja um nexo casual.

De qualquer sorte, a responsabilidade nesse caso não pode obedecer às regras que disciplinam a que existe por efeito da infração ao *dever de guarda*. As situações diferem. Esta se configura quando o dano é causado pela própria coisa, enquanto a outra deriva de acidente imputável àquele que aciona, dirige ou controla a coisa. Nesta última hipótese, a fidelidade ao princípio da responsabilidade fundada na culpa exige que se admita a existência de um *dever de controle*, cuja violação caracterize o procedimento culposo.

A dificuldade está em defini-lo. Mas, na impossibilidade de reduzi-lo a uma fórmula precisa, podem-se fazer indicações de ordem geral que ajudem o juiz a investigar se foi descumprido em cada caso concreto. Não é tão difícil na prática verificar se foram tomadas as cautelas e observados os cuidados indispensáveis a evitar que um dano se produza por intermédio de uma coisa.

72. Culpa por fato indireto. Sem que tenha *dever de guarda* e sem que use da coisa um prolongamento de sua atividade, pode alguém ser obrigado a ressarcir o dano causado por determinada coisa. Nesta hipótese, não é possível cogitar-se de infração da obrigação de guardar a coisa, nem identificar o *fato da coisa* com o fato do homem, uma vez que por ele não é movimentada no momento em que se verifica o dano.

Para se apurar a responsabilidade quando esta situação se apresenta, o importante é estabelecer, em primeiro lugar, o nexo de causalidade, investigando se o "fato" imediato da coisa é realmente um fato indireto do homem.[4] Em seguida, é preciso provar que o dano foi causado, porque o homem dispôs a coisa de maneira imprudente ou negligente. A correlação entre o dano e a conduta daquele de quem se exige a indenização é indispensável. Nenhuma dúvida se pode ter de que, nessa hipótese, a responsabilidade há de se basear na *culpa* daquele a quem se pode atribuí-la, estabelecendo o vínculo de conexão casual. Sua culpabilidade deve ser provada para que seja condenado ao pagamento da indenização. Como a coisa não é objeto de obrigação de guarda, a culpa, obviamente, não consiste em sua infração, dificultando-se, assim, a prova, embora, no fundo, se deva demonstrar que houve imprudência ou negligência.

73. Responsabilidade por infração do dever de controle. Dentre as coisas de que se serve o homem para aumentar sua mobilidade algumas são consideradas particularmente pela lei para o efeito de dispensar a culpa do dono, quando produzem dano. Com fundamento na ideia de *risco*, terá a obrigação de ressarci-lo independentemente de apuração do seu comportamento. Tais são, entre nós, os seguintes veículos: a locomotiva e a aeronave. Outras, porém, não estão submetidas ao mesmo regime nos acidentes que provocam, embora sejam igualmente coisas perigosas. É o caso dos automóveis. No Direito pátrio, a responsabilidade de seus donos ou condutores subordina-se ao princípio geral da *culpa*.

---

4   DE HARVEN. Ob. cit. p. 462.

Não faltam críticas a essa atitude do legislador pátrio, sabido que o automóvel é uma das maiores fontes de riscos.

Mas, à falta de disposições especiais quanto à responsabilidade pelos acidentes de automóveis na mesma dimensão em que estão disciplinados os de outros veículos, aplicam-se-lhes as regras que regem os casos de dano produzido por intermédio de uma coisa.

Em nenhuma espécie se caracteriza melhormente a tese de que a responsabilidade deriva da *infração do dever de controle*. É tranquila a regra de que o automobilista deve manter o controle de máquina que movimenta e dirige. Responsável será, por conseguinte, se o perder, ainda quando observe as regras do trânsito. Não é difícil apurar sua responsabilidade quando o evento danoso resulta de infração de dever expresso no Código de Trânsito. A contravenção caracteriza a culpa. Mas, às vezes, o acidente ocorre sem violação de qualquer das normas estatuídas para regularidade do tráfego e segurança dos pedestres ou de outros condutores de veículos. A imperícia do motorista pode determinar o acidente, conquanto tenha observado as prescrições relativas ao trânsito. Assim, para ser responsável, basta a prova de que não controlou a máquina, por evidente que o controle pode ser exercido sem maior dificuldade por todo automobilista perito, prudente e diligente. A infração do *dever de controle* consiste, pois, na imperícia, imprudência ou negligência do condutor do veículo.

Os acidentes de automóveis são provocados mais comumente pela *velocidade*. Mas ainda quando seja condenável acioná-lo velozmente não constitui por si conduta culposa, se não ficar demonstrado que houve imprudência do motorista. Pode variar, com efeito, conforme as circunstâncias, não sendo aconselhável estabelecer limite-horário.

Via de regra, a responsabilidade do automobilista funda-se numa *presunção de culpa*. Presume-se culpado todo aquele que causa um dano no momento em que está infringindo uma regra do trânsito. Se o motorista de um carro abalroa outro, estando a trafegar em contramão, configura-se sua culpa.

A responsabilidade do dono de automóvel pode resultar de *culpa na guarda*. Quem o abandona na via pública, não o trava devidamente, ou o deixa em condições de ser utilizado por outrem, pode ser responsabilizado, se, de sua negligência no cumprimento do dever de guarda, resultar acidente, mas é claro que, se apesar de suas precauções, o veículo é tirado de seu poder contra a vontade, como no caso de roubo, o dono não pode ser responsabilizado pelo dano que resultar da ação de quem se apossou indevidamente do carro, notificada a repartição competente.

Quando os acidentes são provocados pelos veículos destinados ao transporte coletivo, como os ônibus e micro-ônibus, vigoram as mesmas regras, mas é ainda maior o absurdo de subordinar a responsabilidade ao princípio da culpa, tanto mais quanto os danos causados a terceiros por bondes têm sido indenizados à base dos princípios da chamada responsabilidade objetiva, por interpretação extensiva da lei que regula os acidentes nas estradas de ferro.

Capítulo 11

RESPONSABILIDADE SEM CULPA

Sumário: 74. Casos. **75.** A responsabilidade sem culpa no Direito pátrio. **76.** Responsabilidade sem culpa no Código Civil. **77.** Responsabilidade sem culpa fora do Código Civil.

74. Casos. A obrigação de indenizar é imposta em lei a algumas pessoas, independentemente da prática de *ato ilícito* **(RA)** *stricto sensu* **(RA)**. Pressupõe este uma ação, ou omissão, voluntária, negligência ou imprudência. Por isso, quando o dano à integridade física ou patrimonial de alguém é causado sem culpa do agente, não se pode afirmar que cometeu *delito civil*. Se, nesses casos, a obrigação de reparar civilmente o dano não tem sua causa geradora no ato ilícito, não se deveria falar em *responsabilidade,* que é uma ideia moral, inseparável da *imputabilidade*. Contudo, usa-se o vocábulo para significar a obrigação de ressarcimento do dano causado sem culpa, acrescentando-se que é *objetiva,* para distingui-la da responsabilidade própria, que é necessariamente *subjetiva*. Na verdade, porém, o dever de indenizar o dano produzido sem culpa é antes uma *garantia* do que propriamente *responsabilidade.*

A obrigação de indenizar sem culpa nasce por ministério da lei, para certos casos, por duas razões:

1ª) a consideração de que certas atividades do homem criam um *risco* especial para os outros;

2ª) a consideração de que o exercício de determinados direitos deve implicar a obrigação de ressarcir os danos que origina.[1]

Na primeira categoria incluem-se os casos de *responsabilidade objetiva* propriamente dita, que se explicam pela *teoria do risco*. Entre nós, alguns estão previstos no Código Civil; outros, em *leis especiais*. Dado que a responsabilidade objetiva há de estar firmada em texto expresso de lei, não há dificuldade em apontá-los.

---

[1] VON TUHR. **Tratado de las obligaciones**. t. 1, p. 201. MELLO E SILVA, Wilson de. **Da responsabilidade sem culpa**.

A responsabilidade *sem culpa* decorre:

a) de ruína de edifícios;
b) de acidente do trabalho;
c) de acidente nas estradas de ferro;
d) de acidentes de aeronaves.

(RA) Os casos estão previstos no Código Civil ou em leis extravagantes **(RA)**.

A responsabilidade em decorrência do exercício de certos direitos configura-se nos seguintes casos:

a) ato praticado em estado de necessidade, ou em legítima defesa;
b) atos praticados no exercício de um direito real, notadamente de vizinhança.

Nestes casos, o *ato é lícito*, estando expressamente autorizada sua prática na lei, mas, com fundamento na equidade, impõe-se ao agente a obrigação de indenizar os danos presumidos. Assim, é obrigado a repará-los sem culpa.

75. A responsabilidade sem culpa no Direito pátrio. A indicação dos preceitos legais que obrigam a reparação de danos sem culpa é indispensável em face do caráter excepcional dessa espécie de responsabilidade.

No Código Civil, consagra a responsabilidade objetiva **(RA)** o art. 937 **(RA)**.

No art. **(RA)** 937 **(RA)** o Código responsabiliza o dono do edifício ou construção pelos danos que resultarem de sua ruína.

A *responsabilidade por acidentes de trabalho* é objeto de lei especial. Porque pertinente ao *Direito do Trabalho*, a matéria escapa à apreciação do civilista.

A *responsabilidade das empresas ferroviárias* foi estatuída na *Lei n. 2.681*, de 07 de dezembro de 1912, a qual, embora anterior ao Código Civil, por este não foi revogada.

A *responsabilidade das empresas aeronáuticas* está prevista no *Código Brasileiro* **(RA)** *de Aeronáutica* **(RA)**.

Os casos de obrigação de indenizar perdas e danos decorrentes da prática de ato lícito acham-se regulados nos seguintes artigos do Código Civil: **(RA)** *a) arts. 188, 929 e 930; b) art. 1.286; c) art. 1.289; d) art. 1.293; e) art. 1.313; f) art. 1.251* **(RA)**. Os primeiros dispositivos indicados referem-se aos atos praticados em legítima defesa ou em estado de necessidade. Os seguintes, com exclusão do **(RA)** 1.251 **(RA)**, à obrigação de indenizar pelo exercício de *direito de vizinhança*, respectivamente a *passagem forçada*, o *curso de águas*, a *canalização de águas* e o *ingresso no prédio vizinho*. No art. **(RA)** 1.251 **(RA)**, o Código obriga o beneficiário da avulsão a indenizar o proprietário do imóvel desfalcado, se exercer o direito de conservar a terra acrescida.

76. Responsabilidade sem culpa no Código Civil. Malgrado ter adotado o princípio da responsabilidade baseada na *culpa*, o Código Civil, ao regular as obrigações por atos ilícitos, fez prescrições classificadas pelos intérpretes, em geral, como normas que consagram a responsabilidade objetiva. Algumas sem maior contestação.

A *responsabilidade decorrente da ruína de edifícios,* prevista no art. **(RA)** 937 **(RA)**, está submetida, conforme o pensamento da maioria, ao princípio da culpa. Alega-se que o Código somente a admite quando o dano provenha da ruína do edifício em consequência da falta de reparos. Responde, pois, o proprietário pela negligência, consistente em não ter consertado o edifício, de modo a evitar o dano. Mas a responsabilidade do proprietário subsiste quando ignora a necessidade dos reparos. Se só existisse quando provada sua culpa, teria ele possibilidade de exonerar-se, provando que a desconhecia. Não é possível admitir que, em caso de ignorância, houve culpa de sua parte, como, por exemplo, se estava ausente. Ainda assim, terá de indenizar. Culpa haveria se todo dano produzido pela ruína de um edifício fosse considerado infração do dever de conservá-lo, mas o Código não aceitou essa doutrina, porque exige que o desmoronamento provenha da falta de reparos cuja necessidade seja manifesta.

A *responsabilidade proveniente das coisas lançadas ou caídas de uma casa* é considerada *objetiva*, sem maiores divergências. Distinguem-se duas hipóteses. A primeira é a simples queda da coisa; a outra, seu lançamento. Nesta, é preciso que a coisa seja atirada em *lugar indevido*. Se lançada onde razoavelmente não haveria possibilidade de produzir o dano, por se tratar, por exemplo, de lugar ermo no qual ninguém permanece ou passa, entende-se que não há responsabilidade, o que significa, manifestamente, uma concessão ao princípio da culpa. Observa Alvino Lima que o próprio fato de lançar a coisa em lugar indevido atesta erro de conduta, que jamais praticaria o homem diligente, residindo a culpa na imprudência de lançar objetos em lugares nos quais é possível prever o ato danoso.[2]

Mas, desde os romanos, se admitia a responsabilidade nesses casos em termos mais largos, atribuindo-se à vítima a *actio de effusis et dejectis*, através da qual poderia obter a indenização independentemente da prova de culpa do morador da casa de onde a coisa caiu. De fato, sustenta-se que, no caso, a responsabilidade é objetiva, porque o morador é obrigado a ressarcir o prejuízo, ainda quando a queda, ou o lançamento do objeto, não lhe for imputável, como, por exemplo, se praticado este por terceiro.

77. Responsabilidade sem culpa fora do Código Civil. A reparação dos danos sem culpa está estabelecida em leis especiais.

O primeiro diploma legal que aceitou, entre nós, a teoria da responsabilidade sem culpa foi o Decreto Legislativo n. 2.681, de 1912, que obrigou as *estradas de ferro* a indenizarem todos os danos que a exploração de suas linhas cause aos proprietários marginais.

---

2   **Da culpa ao risco**. p. 202.

Trata-se, manifestamente, de caso de responsabilidade extracontratual. A princípio, sustentou-se que esse decreto fora revogado pelo Código Civil, mas veio a prevalecer o ponto de vista contrário. Nenhuma dúvida se pode ter de que dispensou a culpa como pressuposto da obrigação de indenizar. Basta, portanto, que o proprietário marginal sofra dano produzido pelas locomotivas para que a estrada seja obrigada a repará-lo.

De referência, porém, aos danos causados aos viajantes em consequência de acidentes, presume a lei a *culpa* da estrada, mas nesta hipótese a responsabilidade é contratual. Admite que se exima da responsabilidade provando o caso fortuito, a força maior ou a culpa da vítima. Entendem alguns que se lhe não é permitido provar ausência de culpa; a presunção é *juris et de jure*, o que importa adotar, nos seus efeitos, a responsabilidade objetiva.[3] Outros, porém, defendem a tese de que a presunção pode ser ilidida por prova em contrário.

Quanto aos danos causados a pessoas que não estão viajando, a responsabilidade das estradas regula-se pelas disposições do Código Civil, atinentes aos atos ilícitos, excluindo-se a obrigação de indenizar, tão somente nos casos de força maior, estranhos ao funcionamento do veículo ou à pessoa do condutor (motorista).

Consoante entendimento predominante, os preceitos do Decreto Legislativo n. 2.681 aplicam-se às empresas que exploram o serviço de transporte coletivo.

Importante passo para a consagração legal da teoria do risco foi dado na regulação dos *acidentes do trabalho*. A matéria não é, porém, de Direito Civil, mas, sim, de Direito do Trabalho, não obstante ter sido sempre objeto de lei especial e se decidirem na Justiça comum as controvérsias que suscita.

Foi também admitida no Código Brasileiro **(RA)** de Aeronáutica **(RA)**.

---

3   LIMA, Alvino. Ob. cit. p. 210.

Capítulo 12

LIQUIDAÇÃO DOS DANOS

> **Sumário: 78.** Modos de fixar a indenização. **79.** Liquidação legal. **80.** Liquidação convencional. **81.** Liquidação judicial. **82.** Formas de reparação. **83.** A ação de indenização.

78. Modos de fixar a indenização. A *aestimatio damni* nas obrigações provenientes de atos ilícitos pode ser feita por acordo entre os interessados ou arbitramento, admitido em sentença judicial, mas o conteúdo da obrigação de indenizar é determinado pela lei em alguns casos. Não se deve confundir, porém, uma coisa com a outra. Na *aestimatio damni*, o objetivo é tornar líquida a obrigação, determinando precisamente quanto deve pagar o ofensor à vítima. A *liquidação* consiste na fixação da prestação pecuniária que é objeto de cada obrigação de indenizar. É claro que, para tornar líquida tal obrigação, necessário se faz determinar, em cada caso, o que compreenderá. Rege o princípio de que a indenização deve ser cabal, compreendendo o *damnum emergens* e o *lucrum cessans*. Em alguns casos, a lei determina em que deve consistir, levando em conta o efeito do dano. Tais são: *a)* o *homicídio; b)* a *lesão corporal; c)* a *injúria,* ou *calúnia; d)* a *usurpação* ou *esbulho do alheio.* Se o ato ilícito produz um desses resultados, a indenização se fixa à base dos elementos previstos na lei. Nos outros casos, por arbitramento. Nas hipóteses mencionadas, diz que há *liquidação legal.*

(RA) O legislador brasileiro adota, a partir do texto de 2002 do Código Civil, o princípio da *extensão* do dano para subordinar a indenização. Isto significa que, quanto maior for o dano, também o será a indenização, buscando-se arrimo na *Lex Aquilia* para essa dosimetria, a partir do tipo de *culpa*: se esta for grave, culpa *lata* ou grande, trata-se de violação de direito alheio, próxima do *dolo*, porque o agente despreza os cuidados mais comuns e adota os menores dos que empregaria, conscientemente, se se tratasse dos seus próprios; *levíssima* se se trata da conduta que somente se evita com cuidado maior do que aquele observado pelo "*bom pai de família*" no zelo dos seus próprios direitos; culpa *levis* quando a conduta não caracteriza qualquer das duas hipóteses referidas.

O juiz, doravante, não é mais livre para calcular em função de qualquer outro fator, por exemplo, *índices* ou grandeza monetária; ele tem esse parâmetro legal, isto é, o da reparação completa, abrangendo todas as consequências do *dano*, mediante a apuração da gravidade da *culpa*, também, em confronto com a gravidade da que tiver tido a vítima quando esta concorrer, culposamente, para o evento.

A decisão estará sempre monitorada por um padrão legal, porque, ainda quando a obrigação tiver uma prestação indeterminada e não houver na lei ou no contrato disposição fixando a indenização devida pelo inadimplente, apurar-se-á o valor das perdas e danos na forma que a lei processual determinar **(RA)**.

Nestas condições, tomada em sentido lato, a *liquidação* pode ser:

1º) *legal;*

2º) *convencional;*

3º) *judicial,* conforme os elementos de apuração do dano sejam estabelecidos pela lei, pela vontade dos interessados ou por sentença judicial.

79. Liquidação legal. Há liquidação legal nos casos taxativos em que a prestação de indenizar é delimitada na própria lei. Não se trata, por conseguinte, de determinação do montante da indenização pelo preceito legal. Não é sequer a indicação do modo pelo qual a indenização deve ser calculada, como ocorre, por exemplo, nos domínios da *responsabilidade contratual,* com a reparação devida em consequência do inadimplemento de obrigação pecuniária, que deve consistir no pagamento de *juros moratórios* a uma taxa estabelecida na lei. Em matéria de *responsabilidade extracontratual* não é possível estabelecer regras atinentes ao modo de calcular a indenização. Contudo, a lei declara em que deve consistir a indenização quando o dano consiste em determinados fatos, estabelecendo, desse modo, os *elementos constitutivos* da composição.

Em caso de *homicídio*, a indenização consiste no pagamento das despesas com o tratamento da vítima, seu funeral e o luto da família, bem como na prestação de alimentos às pessoas a quem o defunto os devia, **(RA)** levando-se em conta a duração provável da vida da vítima **(RA)**.

Quando o dano consiste em **(RA)** *lesões* **(RA)** ou em *ofensa à saúde*, de que não resulte a morte da vítima, cumpre distinguir **(RA)** as **(RA)** hipóteses: 1ª) lesão corporal simples; 2ª) lesão de que resulta incapacidade para o trabalho.

A *lesão simples* é o ferimento de que não resulta deformidade nem incapacidade para o trabalho. Neste caso, o ofensor fica obrigado ao pagamento das despesas do tratamento até o fim da convalescença e dos lucros cessantes. Consoante entendimento geral, o preceito legal que aponta os elementos constitutivos da indenização não mais inclui a multa, por ter deixado de ser sanção penal.

Se, da ofensa, resulta defeito que incapacite a vítima para o exercício de sua atividade profissional, a indenização é acrescida de um elemento: a *pensão*, correspondente à importância do trabalho, para o qual se inabilitou, ou da depreciação que ele sofreu. Cumpre, assim, distinguir a *incapacidade permanente* da *temporária*. A *incapacidade permanente* pode ser *total* ou *parcial*. Se a lesão sofrida pelo ofendido o inabilita, por completo, para todo gênero de atividade, como, por exemplo, nos casos de cegueira ou de perda dos membros inferiores, a pensão há de ser equivalente à que receberiam os herdeiros da vítima, caso o ferimento lhe houvesse causado a morte. Outro critério deve presidir, no entanto, a fixação da indenização, se a incapacidade for parcial. Nessa hipótese, verifica-se a diminuição da capacidade de trabalho da vítima, que, entretanto, continua apta ao exercício de outra atividade, devendo a pensão corresponder à depreciação sofrida. Nos casos de *incapacidade temporária*, a indenização corresponde a *lucros cessantes*, devendo consistir no pagamento daquilo que o ofendido deixou de ganhar enquanto ficou impossibilitado de trabalhar.[1] **(RA)** O novo diploma civil aduziu que o prejudicado, se preferir, poderá exigir que a indenização seja arbitrada e paga de uma só vez **(RA)**.

Se o dano consistir na usurpação ou esbulho do alheio, o autor é obrigado a restituir a coisa, **(RA)** pagar o valor das suas deteriorações e o devido a título de lucros cessantes **(RA)**. No caso, porém, de não mais existir a coisa ou de seu desaparecimento, o usurpador, ou aquele que praticou o esbulho, deverá prestar indenização ao prejudicado, embolsando-o do seu equivalente; nesta hipótese, estima-se o valor da indenização pelo preço ordinário da coisa e pelo de afeição. Quando a própria coisa esbulhada ou usurpada puder ser restituída, a reparação consiste fundamentalmente na sua devolução ao desapossado, o qual, retomando sua posse, ficará na situação em que se encontrava antes de ter sido vítima do ato ilícito. A restituição da coisa não é propriamente *indenização*, por isso que, em se verificando, só por força de expressão se pode falar em *responsabilidade*, que surge, tão somente, como observa Savatier, quando a usurpação, ou esbulho, ocasionar um prejuízo que deve ser reparado.[2] É o que se dá quando a coisa se deteriora.

No caso de dano proveniente de esbulho ou usurpação, o Código admite que o *valor estimativo* da coisa entre no *cômputo* da indenização, quando não possa ser restituída. Mas proíbe que o *preço de afeição* se avantaje ao ordinário.

Tais são as *normas gerais* para a avaliação dos danos. Quando, pois, o prejuízo consistir na ofensa aos direitos personalíssimos e patrimoniais especificamente nomeados na lei, o valor da indenização deve ser fixado em função dos elementos que o Código discrimina para cada caso. É nesse sentido que se pode falar em *liquidação legal*.

Para a reparação de prejuízos de outra ordem, consistentes na ofensa a outros direitos personalíssimos, como a liberdade e a boa fama, limita-se a lei a declarar que a indenização consistirá no pagamento das perdas e danos que sobrevierem ao ofendido. **(RA)** Se este não conseguir comprovar danos materiais, o juiz, convencendo-se da autoria e da prática do ilícito, fixará, equitativamente, o valor da

---

1 Art. 950, parágrafo único, CC/02: "O prejudicado, se preferir, poderá exigir que a indenização seja arbitrada e paga de uma só vez."
2 **Traité de la responsabilité civile**. v. 2, p. 182.

indenização, na conformidade das circunstâncias do caso (**RA**). Do mesmo modo, nos crimes de violência sexual ou ultraje ao pudor. Em todos esses casos, a liquidação há de ser feita judicialmente, devendo o prejudicado provar o prejuízo.[3] Bem é de ver que a *liquidação judicial* pode ser, de comum acordo, evitada ou impedida pelos interessados no curso do processo.

80. Liquidação convencional. A liquidação de obrigação delitual opera-se, frequentes vezes, mediante *composição amigável*. No propósito de evitarem um litígio, os interessados harmonizam seus interesses mediante *transação*. Nada impede que os regulem pela forma e sob as condições que entenderem convenientes.

Na *liquidação convencional*, a correspondência entre o dano e a reparação verifica-se subjetivamente. Uma vez que a indenização é determinada por acordo, o ofendido pode receber importância inferior ao valor do prejuízo, desde que a considere satisfatória, sem que, por isso, se desnature o teor da obrigação contraída pelo ofensor.

Quando há *seguro*, aumentam as possibilidades da *liquidação convencional*. Via de regra, a companhia seguradora toma a iniciativa de promovê-la. Mas, se a vítima não concordar com a estimativa a que procede habitualmente o segurador ou preferir dirigir-se ao ofensor, outro recurso não tem que a via judicial.[4]

81. Liquidação judicial. Se as partes interessadas na extinção de uma *obrigação de indenizar* não se entendem quanto ao montante da indenização, têm de recorrer ao *arbitramento* para tornar líquida a prestação.

O *arbitramento* é feito por *peritos* no curso da *ação de indenização*. Não obstante sua realização por especialistas, o *laudo* não liga o juiz. Por outras palavras, não é conclusivo, podendo ser alterado, em suas conclusões, na sentença judicial.

Quando os elementos da indenização se acham previstos na lei, ainda assim, é necessário o cálculo para a determinação do seu valor. Nesse caso, o *arbitramento* simplifica-se e a tarefa dos peritos é preordenada. Quando, porém, a liquidação deve ser feita sem submissão a regras que indicam o conteúdo da prestação de indenizar, o *arbitramento* faz-se com maior liberdade e a missão dos peritos é mais complexa. É nesse sentido que a lei fala em arbitramento ao ordenar que a indenização seja fixada por esse modo nos casos em que não estabelece seus elementos constitutivos.

Assim definido, o *arbitramento* é indicativo da *liquidação judicial*.

A avaliação do dano na ação própria faz-se mediante essa *prova pericial*, mas, afinal, depende do arbítrio do juiz, mormente quando há *lucros cessantes* a serem ressarcidos, ou *preço de afeição* a ser estimado, e, com maior razão, se cabe a indenização de *dano moral*.

---

3 Art. 953, parágrafo único, CC/02: "Se o ofendido não puder provar prejuízo material, caberá ao juiz fixar, equitativamente, o valor da indenização, na conformidade das circunstâncias do caso."
4 COLOMBO. **Culpa aquiliana**. p. 793.

No exercício desse poder, o juiz não deve esquecer que a indenização não pode ser superior ao prejuízo e não está subordinada à situação precária ou de penúria em que se encontre o ofendido.

82. Formas de reparação. A reparação pode consistir na *reposição natural* ou em *indenização propriamente dita*.

Sempre que a situação possa ser recomposta, restituindo-se ao lesado o que perdeu, atende-se, com maior exatidão, ao fim da lei que regula as obrigações por atos ilícitos. Se a coisa usurpada é devolvida ao seu dono, tal como se encontrava antes da usurpação, terá sido satisfeito por forma de maior conveniência do que o pagamento do que vale em dinheiro. Se o objeto é danificado em consequência do ato ilícito, a sua substituição por outro constitui modo de reparação mais interessante e, por assim dizer, mais autêntico do que o embolso do equivalente. Infelizmente, porém, a *reposição natural* não é possível na maioria dos casos. Por isso, tornou-se mais comum a *indenização propriamente dita*, que consiste no pagamento de uma *prestação pecuniária*. Uma vez que o dinheiro é o denominador comum de todos os valores, facilita o ressarcimento.

Nos casos de *reparação pecuniária*, a primeira dificuldade é a determinação do *quantum*. Muitas vezes há elementos concretos para fixá-lo, mas, frequentemente, não existem. Na sua falta, a indenização há de ser calculada por aproximação, mediante arbitramento. Não faltam, aliás, elementos para a avaliação, até quando se trata da estimação de um bem como a vida humana.

A *forma de pagamento* da indenização varia, distribuindo-se a preferência das legislações entre os seguintes *sistemas*: *a) pagamento de capital*; *b) pagamento de renda*.

Pelo primeiro, o ofensor entrega ao ofendido determinada soma de dinheiro, extinguindo-se, com a entrega, a obrigação. É o que ocorre, por exemplo, quando se dá a destruição de uma coisa. O autor do dano paga, de uma só vez, a quantia arbitrada como *indenização*.

(RA) No caso de lesão de que resulte incapacidade para o trabalho, o Código Civil pátrio estabelece que a prestação pode ser paga de uma só vez por exigência do prejudicado **(RA)**.

Pelo segundo, a obrigação de indenizar desdobra-se em prestações periódicas. Em vez de pagar certa importância para extingui-la de pronto, instantaneamente, o ofensor é condenado ao pagamento, durante certo tempo, de uma *renda*.

Ambos os sistemas têm vantagens e desvantagens. O do pagamento em capital é preferível em algumas situações, porque permite ao lesado aplicá-lo à sua vontade, como, por exemplo, em negócios que permitam o exercício de atividade sucedânea, mas se o dano se produz de modo contínuo, como nos casos de lesão com reflexos na capacidade de trabalho, o sistema do pagamento em renda é mais adequado. Por sua vez, este sistema, como observa Chironi, oferece menor garantia, pois pode acontecer que, com o tempo, o devedor fique impossibilitado de pagar a renda devida.

Considerado, porém, de maior utilidade, tem-se procurado eliminar suas desvantagens. Com esse objetivo, ideou-se um *sistema misto*, pelo qual o ofensor outorga o capital necessário à produção de renda satisfatória para o ofendido.

O Direito pátrio adotou esse sistema. A lei processual prescreveu que, no arbitramento da indenização proveniente de ato ilícito, o agente deverá gravar determinado capital que, aos juros legais, assegure uma pensão (RA) mensal (RA) à vítima ou a quem prestasse alimentos. Esse capital deve ser aplicado[5] para a constituição da renda, revertendo ao patrimônio do obrigado quando a obrigação se extinguir. Esta forma de reparação só se aplica, porém, em relação aos *lucros cessantes*.

É discutível se o prejudicado pode preferir, em lugar da indenização sob forma de renda, a que é paga em capital. Em se tratando de disposição legal que ordena ao juiz a conversão da indenização em prestação de renda, poderá parecer, à primeira vista, que é inadmissível a variação na forma de reparação. Todavia, nada impede que a vontade do ofendido seja atendida pelo juiz. O pagamento sob forma de pensão constitui garantia que a lei lhe oferece, a que, evidentemente, pode renunciar. Necessário, apenas, que a exigência do prejudicado seja feita por *motivo importante*, isto é, se apresente aos olhos do juiz como preferência razoável.[6] Deve ser admitida, segundo Larenz, como uma *faculdade de substituição do credor*, que só se lhe atribui justificando-a devidamente. O devedor não pode, todavia, exigir a substituição. Só a requerimento do credor cabe, ou se concorda com o desejo do devedor.

83. A ação de indenização. A ação de *indenização* nasce com o ato ilícito. Pode o ofendido provocar o pronunciamento da Justiça, chamando a Juízo o pretenso devedor. Essa *pretensão* (RA) de reparação civil (RA) prescreve em (RA) três (RA) anos, mas a inércia de quem pode exercê-la não significa que surja apenas quando afora a ação.

A determinação do exato momento em que se consuma o ato ilícito torna-se difícil em certas situações. Acontece às vezes, como assinala Demogue,[7] que o direito à reparação toma forma por etapas diferentes: primeiro a culpa, depois a lesão, que pode ser sucessiva, em seguida a vontade da vítima de acionar e, finalmente, a sentença que fixa o *quantum* e o modo da reparação. Desde que não basta a violação da norma jurídica para que o ato ilícito se caracterize, a *pretensão* de indenizar só surge quando ocorre esse intervalo, no momento em que se verifica o prejuízo. As etapas posteriores são aspectos do seu exercício e não condições para seu nascimento.

---

5 Atualmente, art. 475-Q do Código de Processo Civil, incluído pela Lei n. 11.232, de 22.12.2005.
6 LARENZ. **Derecho de obligaciones**. t. II, p. 635.
7 **Traité des obligations en général**. t. IV, p. 239.

Legitimado para propor a *ação de indenização* é quem foi diretamente prejudicado. Terceiros não adquirem, em princípio, a *pretensão de indenização*. A esta regra abre a lei, todavia, algumas exceções. Os herdeiros da vítima, se também forem prejudicados de modo indireto, podem intentar a ação. As pessoas a quem prestava alimentos fazem jus à indenização no caso de homicídio. Cabe-lhes, pois, o direito de propor a ação. Nesses casos, tais pessoas ingressam em Juízo *jure proprio*. A tendência, no particular, desenvolve-se no sentido de estender a todo interessado a qualidade de sujeito ativo do direito de propor a ação de indenização. Tem sido concedido ao empregador, vítima de prejuízo pelo dano causado ao empregado, ao sócio pelo dano sofrido pelo outro que indiretamente o atinja e, até, ao credor pelo prejuízo sofrido pelo devedor.[8]

A ação de *indenização* transmite-se aos sucessores da vítima. Por ocasião do dano nasce a pretensão. Nada impede que a exerçam os sucessores.

Sujeito *passivo* da relação processual é o autor do ato ilícito. Contra ele, portanto, deve ser dirigida a ação. Nos casos de *culpa presumida*, compete ao culpado por presunção ressarcir o dano. A ação é intentada contra ele, nada impedindo, porém, que o seja contra o causador. Nos casos de *corresponsabilidade*, há pluralidade de sujeitos passivos, mas, como se estabelece entre todos os vínculos de solidariedade, cada qual pode ser indiferentemente acionado e responde pela totalidade da prestação.

Na *ação de indenização*, a *prova* assume relevo especial. Há de ser quádrupla, pois deverá pôr em evidência o ato ilícito, a culpa do autor, o dano produzido e o seu valor.

Em alguns casos, o ônus da prova da culpa é invertido. Em vez de pesar sobre o autor, transfere-o a lei para o réu. Para a comprovação, admitem-se todas as espécies de prova.

O *quantum* da indenização apura-se mediante arbitramento, o dano, por vistoria, e assim por diante.

A *sentença* deve condenar o réu ao pagamento da indenização cabal, que compreende as custas do processo e os honorários de advogado. Na condenação incluem-se os *juros* ordinários, que se contam desde a ocorrência do ato ilícito. Computam-se os juros compostos. Apesar de ser determinação legal, entendem alguns que devem ser calculados a partir do momento em que a ação é proposta.

Extingue-se a *ação de indenização*: a) pela *renúncia;* b) pela *transação;* c) pela *prescrição*. A transação é o meio mais frequente pelo qual termina. Por seu intermédio, as partes, mediante concessões recíprocas, põem termo ao litígio, podendo transigir como lhes convenha, por não competir ao juiz intervir sob qualquer pretexto. A *prescrição* começa a correr a partir do momento em que o ato ilícito se consuma, mas é claro que não se inicia nesse momento se o prejudicado só vem a constatar o dano em data posterior. Entre nós **(RA)** não havia **(RA)** prazo especial

---

8   Cf. DIAS, Aguiar. Ob. cit. v. II, p. 371.

para prescrição; **(RA)** vigorava **(RA)**, pois, o prazo ordinário, que **(RA)** era **(RA)** de 20 anos, por se tratar de ação de natureza pessoal. Justas censuras **(RA)** foram **(RA)** feitas à inexistência de preceito fixando lapso prescricional curto, como em outras legislações. Não se compreende, realmente, que o prejudicado tenha o direito de deixar correr os anos para vir pleitear a indenização, quando já se torna difícil a apuração dos fatos. O desinteresse que a demora revela é suspeito.

(RA) Esse reclamo de Orlando Gomes foi ouvido pelo legislador do texto de 2002 do Código Civil, o qual fixou o prazo menor, já aludido, de três anos **(RA)**.

REFERÊNCIAS BIBLIOGRÁFICAS

ALARÇÃO, Rui de. **Do negócio jurídico**: Anteprojeto para o novo código civil. Lisboa: Tip. da E.N.P., 1961. p. 73.

ALBALADEJO, Manuel. **El negocio jurídico**. Barcelona: Bosch, 1958. p. 444.

ALEMANHA. **Código civil alemão**. Tradução de Diniz Souza. Rio de Janeiro: Record, 1960. p. 396.

ALMEIDA, Francisco de Paula Lacerda. **Obrigações**. 2. ed. Rio de Janeiro: Revista dos Tribunais, 1916. p. 25, 98; § 231.

ALMEIDA, Francisco de Paula Lacerda de. **Dos defeitos das obrigações**. Rio de Janeiro: Freitas Bastos, 1934. p. 396.

_____. **Obrigações**. Rio de Janeiro: Revista dos Tribunais, s.d. p. 183.

ALVAREZ, Suarez Ursilino. **El negocio jurídico em derecho romano**. Madrid: Revista de Derecho Privado, 1954. p. 125.

ANDRADE, Manuel A. Domingues de. **Teoria geral das obrigações**. 3. ed. Coimbra: Almedina, 1966. p. 9.

ASCARELLI, Túlio. **Problemas das sociedades anônimas e direito comparado**. São Paulo: Saraiva, 1945. p. 593.

AUBRY, C.; Rau, E. C. **Cours de droit français d'après la methode de Zacharias**. 6. ed. Paris: Librairie Marchal, 1936. t. I.

AZEVEDO, Antonio Junqueira de. **Negócio jurídico**: existência, validade e eficácia. São Paulo: Saraiva, 1974. p. 193.

BALLESTEROS, Antonio Gullon. **Curso de derecho civil**; El negocio jurídico. Madrid: Technos, 1969. p. 233.

BARASSI, Lodovico. **La teoria general delle obligazioni**. 2. ed. Milano: Giuffré, 1948. v. 1, p. 4, 9, 10; v. 3, p. 75, 813.

BARBERO, Dominico. **Sistema istituzionale del diritto privato italiano**. 4. ed. Torino: Torinese, 1955. v. 1, p. 58. v. 2, p. 26, 30, 104, 111, 198, 206, 211, 217, 218, 221, 224, 250.

BARCELONA, Pietro. **Intervento statale e autonomia privata nei rapporti economici**. Milano: Giuffré, 1969. p. 300.

BASTOS, Filinto Justino Ferreira. Ligeiras notas sobre a ação – de in rem verso. In: **Revista da Faculdade de Direito**, Universidade da Bahia, v. 31, p. 85-93, 1956.

BAUDRY-LACANTINERIE, G.; BARDE, L. **Trattato di diritto civile**. Milano: Francesco Vallardi, s.d. v. 3, p. 1.802.

BEVILAQUA, Clóvis. **Direito das obrigações**. Salvador: Livraria Magalhães, 1896. p. 283.

_____. **Em defesa do Código Civil brasileiro**. Rio de Janeiro: Francisco Alves, 1906. p. 532.

BRASIL. **Código Civil**. Lei n. 10.406, de 10.01.2002, acompanhado da legislação complementar. 18. ed. São Paulo: Saraiva, 2003. p. 75, art. 513; p. 122, art. 515; p. 122, art. 541; p. 115-16, art. 613; p. 127, art. 964; p. 187-88, art. 1.297, § 1º; p. 275-76, art. 1.315; p. 280, art. 1.332; p. 283-84, art. 1.382; p. 295; art. 1.339; p. 286.

_____. Decreto n. 22.626, de 07.11.1933. In: **Revista Forense**, Rio de Janeiro, v. 40, p. 365-67, 1933.

_____. Decreto n. 23.501, de 27.11.1933. In: **Revista Forense**, Rio de Janeiro, v. 42, p. 98-102, 1934.

_____. Decreto n. 57.663, de 24.01.1966. In: **Revista Lex**, São Paulo, 1966, v. 30, t. I, p. 160, 172, art. 47.

_____. Decreto-Lei n. 4, de 07.02. 1966. In: **Revista Lex**, São Paulo, v. 30, t. I, p. 210-211, 1966.

_____. Decreto-Lei n. 19, de 30.08.1966. In: **Revista Lex**, São Paulo, v. 30, t. III, p. 1.227-1228, 1966.

_____. Decreto-Lei n. 6.652, de 30.06.1944. In: **Revista Lex**, São Paulo, v. 3, p. 229, 1944.

_____. Decreto-Lei n. 238, de 28.02.1967. In: **Revista Lex**, São Paulo, v. 31, p. 564-565, jan./fev. 1967.

_____. Decreto-Lei n. 316, de 13.03.1967. In: **Revista Lex**, São Paulo, v. 31, p. 758, mar./maio 1967.

_____. Decreto-Lei n. 911, de 11.01.1969. In: **Revista Lex**, São Paulo, v. 33, p. 1.406-08, jul./out. 1969.

_____. Decreto-Lei n. 1.344, 13.06.1939. In: **Revista Lex**, São Paulo, p. 269-275, 1939.

_____. Decreto-Lei n. 2.627, de 26.09.1940. In: **Revista Lex**, São Paulo, v. 4, p. 466-498, 1940.

_____. Lei n. 337, de 12.12.1957. In: **Revista Lex**, São Paulo, v. 21, p. 739-40, art. 4º, 1957.

_____. Lei n. 4.380, de 21.08.1964. In: **Revista Lex**, São Paulo, v. 28, p. 815, jul./dez. 1964.

_____. Lei n. 4.504, de 30.11.1964. In: **Revista Lex**, São Paulo, v. 28, p. 1.188-1.222, jul./dez. 1964.

_____. Lei n. 4.591, de 16.12.1964. In: **Revista Lex**, São Paulo, v. 28, p. 1.367-1.477, jul./dez. 1964.

_____. Lei n. 4.686, de 21.06.1965. In: **Revista Lex**, São Paulo, v. 29, t. II, p. 565, 1965.

_____. Lei n. 4.728, de 14.07.1965. In: **Revista Lex**, São Paulo, v. 29, t. III, art. 66, p. 954, 1965.

_____. Lei n. 5.474, de 18.07.1968. In: **Revista Lex**, São Paulo, v. 32, p. 975, 979, art. 18, § 2º, jul./set. 1968.

_____. Lei n. 6.404, de 15.12. 1976. In: **Revista Lex**, São Paulo, v. 40, p. 899, 930, 942 (art. 117), § 2º, e art. 158, § 2º, out./dez. 1976.

_____. Lei n. 6.423, de 17.06. 1977. In: **Revista Lex**, São Paulo, v. 41, p. 401-403, abr./jun. 1977.

_____. Lei n. 7.357, de 02.09.1985. In: **Revista Lex**, São Paulo, v. 49, p. 682, 690-91, jul./set. 1985.

_____. Lei n. 8.078, de 11.09.1990. In: **Revista Lex**, São Paulo, v. 54, p. 1.035, jul./set. 1990.

_____. Lei n. 8.245, de 18.10.1991. In: **Revista Lex**, São Paulo, v. 55, p. 660, out./dez. 1991.

_____. Lei n. 10.192, de 14,02. 2001. In: **Revista Lex**, São Paulo, p. 742-745, 2001.

BRUGI, Biagio. **Instituciones de derecho civil**; con aplicación especial a todo derecho privado. México: Union Topográfico, 1946. p. 379.

CARBONNIER, Jean. **Droit civil**. France: Presses Universitaires de France, 1955. t. I.

CARIOTA, Luigi Ferrara. **El negocio jurídico**. Madrid: Aguilar, 1956. p. 34.

CASATTI, Ettore; RUSSO, Giacomo. **Manuale di diritto civile italiano**. Torino: Torinense, 1947. p. 412.

CASTRO Y BRAVO, Federico. **El negócio jurídico**. Madrid: Instituto Nacional de Estúdio Jurídico, 1967. t. X.

DAIBERT, Jefferson. **Dos contratos**; parte especial das obrigações. 2.ed. Rio de Janeiro: Forense, 1977. p. 686.

DEKKERS, René. **Précis de droit civile Belge**. Bruxeles: Emile Bruylant, 1955. t. II, p. 200.

DERNBURG, Arrigo. **Diritto delle obligazioni**. Torino: Fratelli Bocca, 1903. p. 649.

DIAS, José de Aguiar. **Da responsabilidade**. 3. ed. Rio de Janeiro: Forense, 1954. v. 1.

ENGISCH, Karl. **Introdução ao pensamento jurídico**. 6. ed. Lisboa: Fundação Calouste Gulbekian, 1977. p. 393.

ENNECCERUS, Ludwig. **Tratado de derecho civil**. 35. ed. Barcelona: Boschi, 1933. v. 1, t. II, p. 258, 259, 267, 277, 278, 427, 436, 438, 347.

ENNECCERUS, Ludwig; KIPP, Theodoro; WOLFF, Martin. **Tratado de derecho civil**. Barcelona: Bosch, 1951. p. 38, 381, 405, 410.

ESPINOLA, Eduardo. **Garantia e extinção das obrigações**: Obrigações solidárias e individuais. Rio de janeiro: Freitas Bastos, 1951. p. 15, 145.

_____. **Sistema de direito civil brasileiro**. Salvador: Typ. E Encadernação Reis, 1908. p. 557.

_____. **Sistema de direito civil brasileiro**. Rio de Janeiro: Francisco Alves, 1912. v. 2, t. I, p. 3, 192, 367; t. II; p.113, 382, 383 (nota 87), 389 (nota 95), 459, 515.

FERREIRA, Geraldo Sobral. O sistema bancário; juros. Problemas legais. In: REVEREOR. **Estudos em homenagem à Faculdade de Direito da Bahia**. São Paulo: Saraiva, 1891-1981. p. 213-228.

FONSECA, Arnoldo Medeiros da. **Caso fortuito e teoria da imprevisão**. Rio de Janeiro: Jornal do Comércio, 1932. p. 201.

_____. **Direito de retenção**. Rio de Janeiro: Jornal do Comércio, 1934. p. 116, 229, 274.

FRANCHI, L.; FEROCI, V. **Códice Civile**. Milano: Ulrico, 1956. art. 307, p. 54; art. 1.192, p. 191.

FREITAS, Teixeira de. **Consolidação das leis civis**. 3. ed. Rio de Janeiro: H. Garnier, 1896. p. 114.

FULGÊNCIO, Tito. **Do direito das obrigações**. 2. ed. Rio de Janeiro: Forense, 1958. arts. 863-972.

GASPERI, Luis de. **Tratado de las obligaciones**. Buenos Aires: Depalma, 1945. p. 69.

GIORGIANNI, Michele. **La obligación**; la parte general de las obligaciones. Barcelona: Bosch, 1958. p. 229.

GOMES, Orlando. **Alienação fiduciária em garantia**. São Paulo: Revista dos tribunais, 1970. p. 162.

_____. **Contratos**. 12. ed. Rio de Janeiro: Forense, 1993. p. 14, 59.

_____. **Contratos**. 26. ed. revista, atualizada e aumentada, de acordo com o Código Civil de 2002, por Antonio Junqueira de Azevedo e Francisco Paulo de Crescenzo Marino. Rio de Janeiro: Forense, 2007. Cap. 19, 41, 44, p. 202, 259.

_____. **Direitos reais**. Atualizado por Luiz Edson Fachini. 19. ed. revista, atualizada e aumentada de acordo com o Código Civil de 2002. Rio de Janeiro: Forense, 2004. p. 218, 238, 238, 284.

_____. **Introdução ao direito civil**. 20. ed. revista, atualizada e aumentada, de acordo com o Código Civil de 2002, por Edvaldo Brito e Reginalda Paranhos de Brito. Rio de Janeiro: Forense, 2010.

_____. **Memória justificativa do anteprojeto de reforma do código civil**. Rio de Janeiro: Imprensa Nacional, 1963. p. 16.

_____. **Obrigações**. 17. ed., 4ª tiragem. Revista, atualizada e aumentada, de acordo com o Código Civil de 2002, por Edvaldo Brito. Rio de Janeiro: Forense, 2009.

_____. **Questões mais recentes de direito privado**; pareceres. São Paulo: Saraiva, 1987. p. 54, 57, 105.

_____. **Transformações gerais de direito das obrigações**. 2. ed. São Paulo: Revista dos Tribunais, 1980. Cap. VIII, X, p. 148, 150.

GOMES, Orlando; VARELA, Antonio. **Direito econômico**. São Paulo: Saraiva, 1977. p. 259.

HEDEMANN, Justus Wilhelm. **Derecho de obrigaciones**. Traducción de Jaime Santos Briz. Madrid: Revista de Derecho Privado, 1958. p. 157, 168, 184-187.

HILSENRAD, Arthur. **Las obligaciones precontractuales**. Madrid: Gongorra, 1932. p. 205.

JOSSERAND, Louis. **Cours de droit civil positif français**. 2. ed. Paris: Sirey, 1932. t. II, p. 2.

LARENZ, Karl. **Derecho de obrigaciones**. Madrid: Revista de Derecho Privado, 1958. v. 1, p. 167, 417, 444, 453, 461, 466, 492; v. 2, p. 4.

LIMA, João Franzen de. **Curso de direito civil brasileiro**. 3. ed. Rio de Janeiro: Forense, 1979. v. 1.

LIEBMAN, Eurico Tullio. **Embargos do executado** (oposições de mérito no percurso de execução). 2. ed. São Paulo: Saraiva, 1968. p. 244.

LOPES, Miguel Maria da Serpa. **Curso de direito civil** (fontes das obrigações e contratos). Rio de Janeiro: Freitas Bastos, 1958. v. 1

_____. **Tratado dos registros públicos**. 5. ed. Rio de Janeiro: Freitas Bastos, 1962. v. 1.

MARTY, Gabriel; RAYNOUD, Pierre. **Droit civil**. Paris: Sirey, 1956. t. I.

MAZEAUD, Henri; MAZEAUD, Leon; MAZEAUD, Jean. **Leçons de droit civil**. Paris: Montchrstien, 1955. t. I, p. 374.

MEIRELLES, Hely Lopes. **Direito administrativo brasileiro**. 25. ed. São Paulo: Malheiros, 2000. p. 148, 149.

MENDONÇA, Manoel Ignácio Carvalho de. **Doutrina e prática das obrigações ou tratado geral dos direitos de crédito**. 3. ed. Rio de Janeiro: Freitas Bastos, 1938. v. 1, p. 259.

MESSINEO, Francesco. **Manuale di diritto civile e commerciale**. 9. ed. Milano: Giuffré, 1972. v. 1, p. 72; v. 2, p. 356, 370.

MIRANDA, Pontes. **Tratado das ações**. São Paulo: Revista dos tribunais, 1974. t. I.

MIRABELLI, Giuseppe. **L'atto non negoziale nel diritto privato italiano**. Napoli: Eugenio Jovane, 1955. p. 461.

MONTEIRO, Washington de Barros. **Curso de direito civil**. 5. ed. São Paulo: Saraiva, 1989. v. 5.

NONATO, Orosimbo. **Curso de obrigações**: generalidades especiais. Rio de Janeiro: Forense, 1959-1960. v. 1, p. 62-76; v. 2, p. 102.

NOVISSIMO DIGESTO ITALIANO. Torino: Torinense, 1965. p. 631-35.

PACCHIONI, Giovanni. **Diritto civile italiano**. 3. ed. Padova: CEDAM, 1941. p. 411.

_____. **I quase contrati e l'azione di arricchimento**; lezioni di diritto civile. Padova: CEDAM, 1935. p. 6, 143, 204, 205.

PACIFICI-MAZZONI, Emidio. **Istituzioni di diritto civile italiano**. 3. ed. Firenze: Piazzadella Signour, 1880. v. 1.

PALMERO, Juan Carlos. **Tutela jurídica del crédito**. Buenos Aires: Depalma, 1975. p. 66.

PEDAMON, Michel. **Le reforma monetaire de 1948 em Allemange Occidentale et le droit das obligations**. Paris: Auzias, 1956. p. 311.

PAGE, Henri de. **Traité élémentaire de droit civil Belge**. Bruxelles: Emile Bruylant, 1949. p. 401, 490-491.

PEREIRA, Caio Mario da Silva. **Instituições de direito civil**. Rio de Janeiro: Forense, 1991. v. 2, p. 78.

_____. **Instituições de direito civil**. 18. ed. Rio de Janeiro: Forense, 2003. v. 2.

PINTO, Carlos Alberto da Mata. **Cessão da posição contratual**. Coimbra: Atlântida, 1970. p. 56.

PLANIOL, Marcel. **Traité élémentaire de droit civil**. 4. ed. Paris: Chevalier-Marescq, 1906. v. 2, p. 182, 752, 753.

POLTHIER. **Tratado das obrigações pessoais e recíprocas**. Rio de Janeiro: H. Garnier, 1906. t. I, p. 191.

RODRIGUES, Silvio. **Direito civil**. 30. ed. São Paulo: Saraiva, 2002. v. 2.

ROSSEL, Virgile. **Manual du droit Federal des obligations**. 2. ed. Paris: Sirey, 1905. p. 132.

RUGGIERO, Roberto de. **Instituições de direito civil**. São Paulo: Saraiva, 1937. v. 3, p. 73; v. 8, p. 294.

_____. **Instituições de direito civil**. 3. ed. São Paulo: Saraiva, 1971. v. 3, p. 85-87, 106-07, 112, 180, 189.

RUIZ SERRAMALERA, Ricardo. **Lecciones de derecho civil**: el negocio jurídico. Madrid: ICAI, 1977. p. 68.

SALEILLES, Raymond. **Étude sur la theorie générale d'obligation**. 3. ed. Paris: Chevalier-Maresq, 1925. p. 149, 298.

SANTORO-PASSARELLI, Francesco. **Dottrine generali del diritto civile**. 6. ed. Napoli: Eugenio Jovane, 1959. p. 74.

SANTORO-PASSARELLI, Francesco. **Teoria geral de direito civil**. Coimbra: Livraria Coimbra, 1947. p. 229.

SANTOS, J. M. de Carvalho. **Código Civil brasileiro interpretado**. 4. ed. Rio de Janeiro: Freitas Bastos, 1950. v. 12, p. 353.

SAVATIER, René. **La théorie des obligations; vision juridique économique**. França: Dalloz, 1967. p. 425.

SAVIGNY, Fredéric Carl de. **Le droit des obligations**. Paris: A. Durand & Pedone Lauriel, 1873. t. I, p. 11.

SCYBOZ, Georges; GILLIÉRON, Pierre Robert. **Code Civil suisse et code des obgligations**. Suisse: Payot Lausanne, 1972. p. 526.

SILVA, Wilson Melo da. **Da responsabilidade civil automobilística**. 5. ed. São Paulo: Saraiva, 1988. p. 600.

SOUZA NETO, José Soriano de. **Da novação**. 2. ed. aumentada. São Paulo: Saraiva, 1937. p. 117, 138, 159, 190.

TRABUCHI, Alberto. **Istituzioni di diritto civile**. 5. ed. Padova: CEDAM, 1966. p. 321, 495, 504, 505, 520, 542, 548, 552, 560, 566, 570, 586, 659, 660 .

TORRENTE, Andréa. **Manuale di diritto privato**. 2. ed. Milano: Giuffré, 1955. p 329, 330, 336, 341.

VARELA, João de Matos Antunes. **Das obrigações em geral**. Coimbra: Almedina, 1970. p. 809.

VARELA, João de Matos Antunes. **Das obrigações em geral**. 7. ed. Coimbra: Almedina, 1991. v. 1, p. 93-118.

VIVENTE, Cesare. **Trattato di diritto commerciale**. 4. ed. Milano: Francisco Vallardi, 19ll. v. 1.

VON TUHR, Andreas. **Tratado de las obligaciones**. Madrid: Reus, 1934. t. I, p.1, 9, 13, 23 -26; v. 2, p. 30, 33, 35, 36, 50, 69, 81, 83, 84, 90, 98, 106, 144-146, 153, 303, 306, 321, 331, 335.

WALD, Arnoldo. **Curso de direito civil brasileiro**: obrigações e contratos. 7. ed. São Paulo: Revista dos Tribunais, 1987. p. 401.

WINDSCHEID, Bernardo. **Diritto delle pandette**. Torino: Torinense, 1904. v. 1, p. 707.

ÍNDICE ALFABÉTICO DE ASSUNTOS

(Os números correspondem aos parágrafos.)

A

Abuso de direito – 17, 18, 21, 39, 54
Ação – 1, 2, 6, 8, 9, 10, 12, 13, 37, 38, 39, 42, 43, 44, 46, 47, 49, 51, 52, 59, 63, 67, 68, 73, 74, 81, 83
Ação de indenização – 81, 83
Ação preventiva – 59
Ação regressiva – 63
Aceitação – 62
Acidente do trabalho – 39, 74
Acontecimentos naturais – 18
Acordo – 15, 19, 32, 36, 58, 65, 67, 71, 78, 79, 80
Ad impossibilia nemo tenetur – 23
Adimplemento – 10, 39
Agente, culpa do – 37, 39, 45, 48, 57, 62, 74
Alterum non laedere – 42, 60
Animus injuriandi – 47
Antijuridicidade – 37
Antijuridicidade objetiva – 37
Antijuridicidade subjetiva – 37
Arbitramento – 35, 78, 81, 82, 83
Assunção de dívida – 4
Ato antijurídico – 37, 41
Ato culposo – 42, 50, 63
Ato de tolerância – 28
Ato ilícito – 4, 8, 14, 17, 18, 21, 33, 34, 35, 37, 38, 39, 40, 41, 42, 43, 44, 46, 47, 51, 52, 53, 54, 55, 57, 58, 59, 61, 62, 63, 65, 66, 68, 71, 74, 78, 79, 82, 83
Ato ilícito doloso – 42
Ato ilícito; elemento objetivo – 21, 41
Ato ilícito; elemento subjetivo – 39, 41, 45, 49
Ato jurídico – 16, 34
Ato jurídico *stricto sensu* – 18
Ato voluntário – 37
Ato-coletivo – 19
Ato-condição – 19
Atos ilícitos, teoria dos – 55
Atribuição patrimonial – 13
Autonomia privada – 2, 18, 19
Auxiliares executivos – 8
Avaliação – 9, 34, 37, 43, 53, 61, 79, 81, 82

B

Bens jurídicos – 39, 40, 47
Boa-fé – 6, 21, 39
Bom pai de família – 47, 78
Bons costumes – 21, 24, 39
Bonus pater familias – 48

C

Capacidade contratual – 50
Capacidade de agir – 50
Capacidade de discernimento – 50, 63
Capacidade de fato – 50
Capacidade delitual – 8, 50
Capacidade negocial – 8
Caso fortuito – 25, 27, 60, 77
Causa – 7, 11, 13, 14, 15, 21, 24, 34, 35, 37, 41, 43, 48, 54, 56, 58, 59, 67, 68, 71, 74

Causa donandi – 13
Causa solvendi – 13
Causação adequada – 35
Causalidade adequada – 54
Causalidade alternativa – 54
Causalidade comum – 58, 62
Causalidade imediata – 54, 58
Cessão – 32
Cessão de crédito – 4
Cheque – 32
Cláusula – 27, 32, 33, 55
Cláusula de estabilização – 32
Cláusula penal – 4, 34
Coação jurídica – 9
Código Civil – 2, 3, 4, 14, 20, 21, 27, 32, 33, 34, 38, 39, 46, 49, 52, 54, 56, 57, 60, 62, 65, 66, 68, 74, 75, 76, 77, 78, 82, 83
Código Civil alemão – 52, 56
Código Civil italiano – 14, 17, 52, 56
Código de Menores – 62
Código de Napoleão – 16, 38
Coisa – 1, 6, 7, 9, 10, 11, 13, 18, 23, 25, 26, 28, 29, 31, 32, 35, 36, 38, 39, 40, 42, 43, 50, 51, 53, 54, 56, 58, 59, 61, 68, 69, 70, 71, 72, 73, 76, 78, 79, 82
Coisa, fato da – 67, 68, 69, 72
Coisas fungíveis – 25
Coisas não fungíveis – 25
Comodante – 7
Comodatário – 7
Comodato – 27
Compensação – 4, 35, 52, 55
Compensatio lucri cum damno – 35, 59
Comportamento culposo – 39, 41, 44, 46, 55
Compra e venda – 27, 32
Comprador – 27
Concentração do débito – 25
Concorrência de pretensões – 40
Concurso de credores – 4
Condição – 8, 14, 17, 19, 23, 41, 50, 54, 58
Condição suspensiva – 23
Condições, equivalência das – 54

Conexão causal – 54
Confusão – 4, 7, 9, 37, 44, 45, 57
Consentimento – 27, 63
Consignação – 4
Contraprestação – 32
Contrato – 4, 11, 13, 14, 15, 17, 18, 19, 20, 27, 28, 29, 32, 34, 36, 38, 39, 55, 60, 65, 78
Contrato de compra e venda – 27
Contrato de execução continuada – 29
Contrato de seguro – 34
Contrato de sociedade – 30
Contrato de trabalho – 8, 10, 27, 65
Contrato, várias espécies de – 4
Corpo – 27
Crédito – 1, 2, 4, 6, 10, 11, 12, 13, 29, 30, 32, 33, 36, 40
Crédito comercial – 40
Credor – 4, 6, 7, 8, 9, 10, 12, 13, 23, 27, 32, 34, 35, 36, 38, 39, 47, 54, 58, 82, 83
Crime – 43, 61, 79
Culpa – 10, 21, 27, 28, 34, 38, 39, 41, 42, 44, 45, 46, 47, 48, 49, 50, 54, 55, 56, 57, 59, 60, 61, 62, 63, 64, 65, 66, 67, 68, 69, 70, 71, 72, 73, 74, 75, 76, 77, 78, 83
Culpa alheia – 62
Culpa contratual – 47
Culpa extracontratual – 47
Culpa grave – 47, 78
Culpa *in abstrato* – 48, 54
Culpa *in concreto* – 48
Culpa *in eligendo* – 49, 62, 65
Culpa *in vigilando* – 49, 58, 61, 62, 63, 64, 67
Culpa lata – 52, 78
Culpa legal – 49
Culpa leve – 48
Culpa levíssima – 47
Culpa na guarda – 68, 70, 73
Culpa preexistente – 45, 58, 67
Culpa presumida – 49, 61, 83
Culpa própria – 62, 63
Culpa recíproca – 59
Culpa reflexa – 61
Culpa *stricto sensu* – 42, 44, 46, 52

Culpa, individualização da – 48
Culpa, presunção de – 58, 61, 62, 64, 65, 67, 73
Culpa, presunções de – 49, 56
Culpa; imputabilidade – 50, 56, 58, 64
Cumprimento da obrigação – 12, 13, 25, 27, 32, 36
Curador – 61, 62, 64
Curatela – 64

D

Dação – 4, 11, 25, 27
Dação em pagamento – 4
Damnum emergens – 51, 78
Dano – 11, 21, 27, 31, 32, 33, 34, 35, 36, 37, 38, 39, 40, 41, 42, 43, 44, 45, 46, 47, 48, 49, 50, 51, 52, 53, 54, 55, 56, 57, 58, 59, 60, 61, 62, 63, 64, 65, 66, 67, 68, 69, 70, 71, 72, 73, 74, 75, 76, 77, 78, 79, 80, 81, 82, 83
Dano concreto – 34
Dano de confiança – 34
Dano direto – 34, 53
Dano emergente – 35, 51
Dano extrapatrimonial – 52
Dano imaterial – 34
Dano indenizável – 41
Dano indireto – 34, 53, 54
Dano matemático – 34
Dano material – 34, 51, 52
Dano moral – 34, 51, 52, 81
Dano moral, ressarcibilidade do – 52
Dano negativo – 51
Dano patrimonial – 52
Dano por frustração da confiança – 34
Dano por inadimplemento – 34
Dano positivo – 51
Dano real – 34
Débito – 10
Debitum – 14
Declaração de vontade – 8, 18, 20
Declaração unilateral de vontade – 16, 17, 20, 60
Delegação – 32
Delito – 15, 16, 24, 38, 42, 43, 57

Delito civil – 21, 38, 39, 42, 43, 44, 74
Delito civil, vítima do – 58, 62
Delito civil; elementos materiais – 43
Delito penal – 43
Depósito – 67
Devedor – 4, 6, 7, 8, 9, 10, 12, 13, 18, 23, 25, 26, 27, 28, 30, 32, 33, 35, 36, 38, 39, 55, 58, 60, 82, 83
Dever de controle – 71, 73
Dever de guarda – 68, 69, 70, 71,72, 73
Dever de indenizar – 21, 39, 41, 47, 50, 54, 55, 60, 62, 63, 67, 74
Dever de prestar – 1, 6, 7, 10, 14, 20, 38
Dever jurídico – 4, 5, 39, 42, 43
Dever jurídico *lato sensu* – 60
Diligência – 44, 46, 55, 62, 63
Direito administrativo – 66
Direito alemão – 62
Direito alheio, lesão do – 41, 44
Direito alheio, ofensa ao – 44
Direito civil – 1, 3, 6, 12, 21, 38, 41, 42, 44, 54, 66, 77
Direito comercial – 36
Direito contratual – 19
Direito das Coisas – 1, 2, 3
Direito das Obrigações – 11, 13, 19, 33
Direito das Sucessões – 1, 3
Direito de crédito – 6, 7, 10, 12, 30
Direito de Família – 1, 3, 6, 61
Direito de propriedade – 28, 39, 40
Direito de vizinhança – 75
Direito do Trabalho – 75, 77
Direito penal – 43
Direito personalíssimo, lesão de um – 40
Direito processual – 12
Direito público – 3, 66
Direito real, lesão de um – 40
Direito regressivo – 64, 65
Direito romano – 13, 14, 15, 38, 39
Direitos auxiliares – 10
Direitos personalíssimos – 27, 34, 39, 40, 79
Direitos pessoais – 1

Direitos reais – 1, 7, 9, 40, 58
Direitos reais limitados – 40
Direitos subjetivos – 1, 11, 39
Dívida – 6, 10, 13, 30, 32, 33, 36
Dívida de capital – 36
Dívida de indenização – 31, 36
Dívida de interesses – 31
Dívida de quantia determinada pela espécie da moeda – 32
Dívida de quantia em determinado metal – 32
Dívida de quantia em moeda de certa espécie com valor convencionado – 32
Dívida de quantia em moeda de certa espécie com valor nominal determinado – 32
Dívida de simples quantia – 32
Dívida de soma de valor – 32
Dívida de valor – 32, 33, 35
Dívidas pecuniárias – 33, 36
Dividendos – 36
Doação – 33, 39
Dolo – 42, 44, 46, 47, 52, 78

E

Emancipação – 63
Empregador – 61, 62, 65, 66, 83
Empregador, responsabilidade de – 65
Empregados – 45, 61, 62, 65
Empreitada – 27, 28
Empreiteiro – 27, 65
Enriquecimento – 13, 20
Enriquecimento sem causa – 17, 20
Estado de subordinação – 8, 65
Estatuto da Criança e do Adolescente – 62
Execução – 4, 23, 26, 27, 29, 54
Execução coativa – 12
Expiação – 52

F

Faculdade de substituição – 82
Fato – 6, 11, 14, 17, 18, 20, 24, 27, 34, 38, 39, 41, 43, 44, 45, 49, 51, 52, 53, 54, 55, 57, 61, 67, 69, 70, 71, 72, 76, 79, 83
Fato da coisa – 67, 68, 69, 72

Fato danoso – 35, 38, 39, 41, 44, 49, 51, 54, 55, 58, 59, 62, 71
Fato de produção jurídica – 11
Fato de terceiro – 8
Fato do homem – 68, 69, 71, 72
Fato ilícito – 14, 39
Fato jurídico – 11, 14, 19
Fato jurídico *lato sensu*: humanos – 18
Fato jurídico *lato* sensu: naturais – 18
Fato jurídico *stricto sensu* – 37
Fato jurídico voluntário – 18
Fato próprio – 61
Fatos antijurídicos – 37
Fatos constitutivos – 14, 17
Fatos fungíveis – 27
Fatos jurídicos *lato sensu* – 3
Fatos materiais – 18
Fatos não fungíveis – 27
Fonte imediata das obrigações – 14, 16, 18, 38
Fonte mediata das obrigações – 4, 16, 18, 31, 34, 47, 60
Força maior – 25, 27, 54, 60, 67, 71, 77
Forma – 2, 11, 27, 32, 35, 36, 37, 39, 52, 56, 59, 60, 61, 78, 80, 82, 83
Forma específica – 27
Formação dos contratos – 60
Função – 1, 8, 13, 21, 39, 41, 48, 52, 69, 71
Função expiatória – 52

G

Garantia – 10, 12, 32, 40, 56, 57, 74, 82
Gestão de negócio – 20
Gradação da culpa – 47

H

Herdeiro – 43, 58, 63, 79, 83

I

Ilícito civil – 39, 41, 42, 61
Ilicitude, domínio da – 37
Imperícia – 40, 42, 46, 52, 73
Impossibilidade – 17, 23, 25, 56, 62, 63, 71
Impossibilidade absoluta – 23

Impossibilidade física – 23
Impossibilidade jurídica – 23
Impossibilidade objetiva – 23
Impossibilidade originária – 23
Impossibilidade parcial – 23
Impossibilidade relativa – 23
Impossibilidade subjetiva – 23
Impossibilidade superveniente – 27
Impossibilidade temporária – 23
Impossibilidade total – 23
Imprevisão – 33
Imprudência – 37, 42, 46, 52, 63, 67, 68, 71, 72, 73, 76
Imputabilidade – 45, 50, 56, 58, 64, 74
Imputação – 43, 44, 45, 46
Imputação do pagamento – 4
Inadimplemento – 4, 9, 28, 34, 39, 46, 47, 54, 55, 60, 79
Inadimplemento culposo – 34, 47, 54, 60
Incapacidade – 23, 79, 82
Incapacidade parcial – 79
Incapacidade temporária – 79
Incapacidade total – 79
Indenização – 4, 10, 27, 33, 34, 35, 36, 38, 39, 47, 48, 49, 51, 52, 53, 54, 55, 56, 58, 59, 62, 63, 65, 71, 72, 76, 78, 79, 80, 81, 82, 83
Indenização completa – 35
Indenização, prestação de – 4, 32, 34, 35, 55
Indenização, pretensão de – 40, 58, 83
Indenização propriamente dita – 59, 82
Inexecução – 33, 54, 55, 70
Inexecução culposa – 8
Inexecução voluntária – 60
Infração – 37, 39, 43, 44, 54, 60, 61, 62, 63, 64, 65, 68, 70, 71, 72, 73, 76
Infração contratual – 39
Injúria – 40, 41, 44, 52, 78
Insolvência – 4, 27
Inversão do ônus da prova – 49, 56, 62

J

Juris et de jure, presunção – 62, 65, 77
Juros – 31, 34, 36, 83

Juros contratuais – 36
Juros convencionais – 36
Juros legais – 4, 36, 60, 82
Juros de mora – 36
Juros moratórios – 10, 36, 79
Jus ad rem – 7

L

Laudo – 81
Legitimação – 58
Lei penal – 43
Lei, violação da – 41, 44
Leis especiais – 57, 71, 74, 77
Lesão simples – 79
Lex Aquilia – 38, 47, 78
Liberação – 13
Liberdade – 1, 2, 8, 10, 18, 27, 28, 39, 40, 58, 63, 65, 79, 81
Liberdade natural – 10
Liberdade de obrigar-se – 19
Liberdade profissional – 40
Liquidação convencional – 80
Liquidação judicial – 79, 81
Liquidação legal – 78, 79
Liquidação das perdas e danos – Capítulo 12
Locatário – 6 (nota)
Lucros cessantes – 34, 54, 79, 81, 82
Lucrum cessans – 51, 78
Lugar indevido – 76

M

Meio de prova – 62
Mensageiros – 8
Modos de cumprimento – Introdução
Mora – 4, 34, 36
Multa – 79
Multa privada – 38

N

Negligência – 37, 42, 46, 47, 48, 50, 52, 59, 61, 63, 67, 68, 70, 71, 72, 73, 74, 76
Negócio atributivo – 13
Negócio jurídico – 8, 14, 18, 19

Negócio jurídico unilateral – 55 (nota)
Negócio unilateral – 20
Nemo precise cogi potest ad factum – 27
Nexo causal – 41, 45, 54, 56, 59, 62
Nexo de causalidade – 44, 62, 72
Novação – 4
Núncio – 8

O

Objeto da obrigação – 7, 9, 10, 26
Obligatio – 6, 14, 15
Obrigação – 4, 5, 6, 7, 8, 9, 10, 11, 12, 13, 14, 18, 19, 21, 23, 25, 27, 28, 29, 32, 33, 34, 35, 36, 38, 39, 41, 45, 50, 52, 55, 56, 57, 58, 60, 65, 66, 70, 71, 72, 73, 74, 75, 77, 78, 80, 82
Obrigação acessória – 36
Obrigação ambulatória – 8
Obrigação, caracterização da – 4
Obrigação, causa geradora da – 14
Obrigação, fonte da – 11, 54, 60
Obrigação de guarda – 67, 69, 70, 72
Obrigação de indenizar – 4, 10, 26, 32, 33, 34, 35, 38, 39, 55, 56, 57, 58, 60, 61, 63, 67, 70, 71, 74, 75, 77, 78, 81, 82
Obrigação de não fazer – 28
Obrigação pecuniária – 32, 79
Obrigação perfeita – 6
Obrigação a prazo – 23
Obrigação de soma de valor – 32
Obrigação de valor nominal – 32
Obrigações – 1, 2, 3, 4, 5, 6, 7, 8, 14, 15, 16, 17, 18, 19, 20, 21, 25, 26, 27, 32, 33, 34, 36, 37, 38, 52, 60, 63
Obrigações alternativas – 4
Obrigações por atos ilícitos – 4, 62, 76, 82
Obrigações contratuais – 39
Obrigações de dar – 4, 26, 27, 31
Obrigações de dar coisa certa – 10, 25, 27
Obrigações divisíveis – 4
Obrigações, efeitos das – 4
Obrigações *ex lege* – 14, 55
Obrigações, extinção das – 4

Obrigações, fatos constitutivos das – 11, 14, 18, 19, 20
Obrigações, fonte das – 14, 15, 16, 17, 18, 60
Obrigações, fontes mediatas das – 14, 16
Obrigações de fazer – 4, 10, 27
Obrigações genéricas – 10, 26
Obrigações ilícitas – 24
Obrigações, inexecução das – 55, 60
Obrigações de meios – 9
Obrigações, modalidades das – 4
Obrigações negativas – 28
Obrigações propriamente ditas – 3
Obrigações *propter rem* – 8
Obrigações provenientes de atos ilícitos – 21, 78
Obrigações *quasi ex contractu* – 15
Obrigações *quasi ex delicto* – 15
Obrigações reais – 4
Obrigações de resultado – 9
Obrigações secundárias – 10
Obrigações solidárias – 4
Obrigações, transmissão das – 4
Omissão – 6, 7, 9, 13, 22, 28, 37, 39, 41, 44, 46, 47, 52, 63, 68, 70, 74
Ônus – 3, 5, 55, 62
Ônus da prova – 49, 55, 62, 83
Ônus reais – 8
Opção – 39, 47, 60
Ordem jurídica – 2, 10, 12, 37, 39
Ordem pública – 24

P

Pagamento – 4, 25, 27, 30, 31, 32, 33, 34, 35, 36, 38, 52, 58, 59, 60, 65, 72, 79, 82, 83
Pagamento de capital – 82
Pagamento por consignação – 4
Pagamento, forma de – 82
Pagamento, imputação do – 4
Pagamento indevido – 4, 17, 20
Pagamento de renda – 82
Pagamento com sub-rogação – 4
Partes – 3, 5, 6, 8, 25, 27, 30, 32, 33, 36, 38, 43, 81, 83

Patrimonialidade da prestação – 9
Patrimônio – 2, 6, 7, 10, 12, 13, 34, 35, 38, 51, 52, 82
Patrimônio, ativo do – 51
Pena – 5, 28, 38, 39, 43, 52
Pena convencional – 36
Pensão – 79, 82
Perdas e danos – 4, 23, 27, 28, 34, 36, 54, 60, 75, 78, 79
Pessoa do devedor – 10
Pessoa jurídica – 52, 66
Pluralidade de credores – 8
Pluralidade de devedores – 8
Pluralidade de prestações – 30
Poder diretivo – 62, 65
Preço de afeição – 35, 79, 81
Preferência – 17, 34, 48, 54, 82
Preocupação – 55
Preposto – 61, 62
Prescrição – 12, 43, 83
Prestação – 6, 7, 8, 9, 10, 11, 13, 19, 21, 23, 24, 25, 27, 28, 29, 30, 32, 34, 35, 36, 38, 47, 61, 78, 81, 82, 83
Prestação de alimentos – 79
Prestação de dar – 26, 27
Prestação de dar coisa certa – 26
Prestação de dar coisa incerta – 26, 32
Prestação determinada – 25
Prestação determinável – 25
Prestação de fazer – 26
Prestação ilícita – 24
Prestação de indenização – 4, 32, 34, 35, 55
Prestação instantânea – 26, 29
Prestação juridicamente impossível – 24
Prestação lícita – 24
Prestação negativa – 28
Prestação pecuniária – 32, 35, 36, 78, 82
Prestação positiva – 26, 27, 28
Prestação possível – 23
Prestação, objeto imediato – 7, 9
Prestações de coisas – 26, 27
Prestações complexas – 30

Prestações contínuas – 26, 29
Prestações especiais – 31
Prestações de fatos – 27
Prestações fungíveis – 26
Prestações isoladas – 29
Prestações múltiplas – 26
Prestações simples – 30
Prestações únicas – 26
Presunção da culpa – 58, 61, 62, 64, 65, 67, 73
Presunção *juris et de jure* – 62
Presunção *juris tantum* – 49, 65
Presunção *juris tantum* de culpa própria – 62
Presunção legal – 58
Presunção relativa – 62
Presunções – 49
Pretensão – 6, 7, 10, 21, 34, 36, 58, 59, 83
Pretensão do credor – 9
Pretensão de indenização – 40, 58, 83
Pretensão independente – 58
Princípio da autonomia da vontade – 19
Princípio de boa-fé – 6
Promessa irretratável de venda – 27 (nota)
Promessa unilateral – 19
Promitente – 27
Proposta – 83
Propriedade – 1, 3, 5, 6, 8, 26, 27, 38, 40, 51, 57, 58, 68
Prova – 4, 35, 49, 54, 56, 62, 65, 67, 71, 72, 73, 76, 77, 81, 83
Pupilo – 61, 62, 64

Q

Quase contrato – 15, 16
Quase delito – 15, 16, 42, 44

R

Reajustamento de preço – 32
Reforço – 24
Relação jurídica – 1, 5, 6, 8, 11, 13, 14, 39, 40, 49, 55, 60
Relação jurídica processual – 12
Relações obrigacionais – 1, 2, 3, 7, 10, 11, 29
Remissão de dívida – 4

Renúncia – 83
Reparação do dano – 10, 34, 35, 43, 55, 59, 62, 63
Representação – 8, 10, 52
Representante – 43
Representantes – 8, 13, 61
Responsabilidade – 13, 27, 34, 35, 38, 41, 42, 43, 44, 45, 47, 48, 49, 50, 52, 53, 54, 55, 56, 57, 58, 59, 60, 61, 62, 63, 64, 65, 66, 67, 68, 69, 70, 71, 72, 73, 74, 75, 76, 77, 79
Responsabilidade aquiliana – 60
Responsabilidade civil – 2, 34, 38, 43, 45, 47, 48, 54, 55, 56, 57, 60, 64, 71
Responsabilidade civil, teoria da – 21, 39, 55, 56
Responsabilidade coletiva – 58
Responsabilidade contratual – 34, 47, 54, 55, 60, 79
Responsabilidade cumulativa – 59
Responsabilidade das empresas aeronáuticas – 75
Responsabilidade das empresas ferroviárias – 75
Responsabilidade de equidade – 56
Responsabilidade decorrente da ruína de edifício – 74, 76
Responsabilidade delitual – 38, 39, 55, 57, 58, 60
Responsabilidade do devedor – 27
Responsabilidade extracontratual – 34, 38, 45, 49, 54, 55, 57, 60, 77, 79
Responsabilidade pelo fato de coisa – 68, 69, 72
Responsabilidade por fato de outrem – 61
Responsabilidade por fato de terceiros – 8, 58
Responsabilidade por fato próprio – 58
Responsabilidade, fundamento da – 38, 41, 43, 49, 56, 57, 64, 65
Responsabilidade indireta – 42, 49, 62, 63, 65
Responsabilidade por infração de dever de guarda – 68, 69, 70
Responsabilidade objetiva – 39, 45, 49, 55, 56, 57, 62, 71, 73, 74, 75, 76, 77
Responsabilidade paterna – 63, 64
Responsabilidade patrimonial – 10
Responsabilidade pessoal – 10
Responsabilidade proveniente das coisas lançadas ou caídas de uma casa – 76
Responsabilidade, repercussão da – 58

Responsabilidade subjetiva – 45, 49, 56, 58, 69
Responsabilidade, teoria subjetiva – 62, 71
Retardamento culposo – 36
Revogação – 33
Riscos – 34, 56, 73

S

Salário – 10, 33
Sanção – 5, 38, 43, 54, 79
Seguro – 10, 55, 56, 58, 80
Sentença – 28, 43, 83
Sentença judicial – 36, 58, 78, 81
Situações especiais – 18
Situações de fato – 17
Sociedades – 32 (nota)
Solidariedade – 6, 83
Sorteio – 63
Subordinação hierárquica – 8
Subordinação jurídica – 8
Substituição do credor – 82
Sucessão hereditária – 27
Sujeito ativo – 7, 8, 83
Sujeito de direito – Introdução
Sujeito passivo – 1, 4, 7, 8, 9, 38, 83

T

Teoria da responsabilidade civil – 21, 39, 55, 56
Teoria do risco – 68, 74, 77
Termo – 6, 9, 35, 38, 39, 41, 44, 45, 52, 55, 58, 60, 61, 65, 66, 67, 76, 83
Testamento – 20, 37
Título – 32, 36, 52, 63, 65, 67, 79
Título de crédito – 2, 4
Título ao portador – 8, 20
Trabalhador autônomo – 65
Trabalhador subordinado – 65
Tradição – 27, 56
Transação – 80, 83
Transmissão – 1, 4, 8, 27
Tutela – 2, 5, 12, 15, 18, 19, 39, 40, 43
Tutela de crédito – 4
Tutor – 61, 62, 64

U

Usufruto – 58

Usura – 36

V

Valor estimativo – 79

Valor patrimonial – 34

Vigilância, dever de – 61, 62, 63, 64, 65, 67, 68

Vigilância, infração do dever de – 61, 62, 63, 67

Vigilância, responsabilidade por infração dos deveres de – 61, 63, 64

Vínculo – 6, 7, 8, 10, 11, 13, 23, 30, 58, 60, 63, 65, 69, 72, 83

Vínculo jurídico – 1, 6, 8, 10, 11, 40, 65

Vínculo obrigacional – 9, 23, 60

Vínculo de subordinação – 66

Violação culposa *lato sensu* – 42

 A marca FSC é a garantia de que a madeira utilizada na fabricação do papel com o qual este livro foi impresso provém de florestas gerenciadas, observando-se rigorosos critérios sociais e ambientais e de sustentabilidade.

www.editoraforense.com.br
forense@grupogen.com.br

Impresso na gráfica das Escolas Profissionais Salesianas